JN243838

なんのために勝つのか。

ラグビー日本代表を結束させたリーダーシップ論

廣瀬俊朗
Hirose Toshiaki

東洋館出版社

なんのために勝つのか。

ラグビー日本代表を結束させたリーダーシップ論

装丁　水戸部功
カバー写真　桑島智輝

はじめに

《2015年・9月9日（水）》

ワールドカップまで10日を切った。

前回まではワールドカップと言われても当事者でなかったから、「あと10日か。楽しみやな」と純粋に思うだけであった。でも、今回は違う。このために4年間頑張ってきた。だから、緊張感がある。また、これまでの努力の結果が判明することが恐ろしくもある。

……僕はきっと初戦のグラウンドに立てない。直接グラウンドに立って、勝利に貢献することは叶《かな》わないと思う。

正直、悔しい。

与えられたチャンスでは思い切りプレーした。練習から自分の100％を常に出してきた。よい準備ができていることもメッセージとして出せていたと思う。ただ、その上で他を押しのけて「何がなんでも出してくれ！」という意識までもっていけたかと言われると疑問が残る。

なんでだろうと思う。キャプテンという立場があったときは、自分がプレーして貢献していくことが当然だと思っていた。

しかし、いち選手の立場になってみると、自分が出ることが最優先でなくなってしまった。チームが一番やりたいラグビーを表現して、結果を残すことが最優先になった。いろいろなことが客観的に見えるが故かもしれない。自分が10番を背負ってグラウンドに立っている姿が想像できなかった。

かと言って、努力してこなかったわけではない。スキルの練習は欠かさずやってきた。ウエイトでも重い重量にチャレンジしてきた。だから、ワールドカップのスコッドにも選ばれた。

でも、なんだろう。このモヤモヤした感じは。

その中でも、チームのためにやることは、ある。

このタイミングで、コーチングコーディネーターの（沢木）敬介さんから南アフリカのアタック分析を頼まれた。分析ソフトを使って、いろいろな対策を練った。映像を観《み》る。プレゼンの資料をつくる。その説明を考える。

普段、僕たちはミーティングの時間に15分座って聞くだけだが、そのための準備にはパソコンの操作を含めて10時間程を要した。とてもありがたいと思った。

また、分析を進めるにつれ、相手チームのアタックの考え方についてもよくわかった。勉強になった。分析の結果を日本代表のコーチ陣にプレゼンする。なかなか貴重な機会。久しぶりに味わう緊張感は、よい刺激になった。

この資料が使われるかどうかはわからないが、僕にとってはよい時間になった。

《9月16日（水）》

南アフリカ戦まで、あと3日。

いよいよゲームウィークに入った。2日前にチーム内でのメンバー発表があった。わかっていたが、メンバーに入れないことを言われるのはつらい。いままでの人生で一番出場したい試合を逃した。

でも、努力してきたと言える。だから、ここからは切り替えが大事。まずはチームのサポート。自分自身は練習でよいパフォーマンスをする。チームのためには練習後に新しいサインプレーをチェックする。

もう一つは、次のスコットランド戦への準備。次戦は中3日なので、いまから分析を始めないと間に合わない。自分の中でどういったプレーをしたいのかイメージを膨らませる。

チーム状況はよい方向に向かっている。「自分たちのチーム」という気持ちをどれだけ言動に移せるか。なにも話をすることだけがすべてではない。いろいろな経験をしてきて、図太くなった。開き直る。そして、いまからできる最大限の準備をする。

出場する選手に対しては、自分たちがもっているものをすべて出し切ってほしいと思う。南アにチャレンジすることは、素晴らしいことだ。その権利を獲得した23人は、スペシャルな存在。だから、結果は気にしなくていい。その先に見えるものは、その人たちにしか味わえない。とてつもなくよいものであるはず。僕も現場で味わいたかった。

でも、間近で見届けることができる。

街では声をかけてくれる人もいる。南アに勝つことを祈ってくれる人がいる。一方で

「どっちが勝つの?」と聞いてきて「俺たち」と言うと笑う、ちょっと失礼な人もいる。

《9月18日(金)》

昨日から急にとてつもなく緊張して、よく寝られなかった。メンバー外の僕でさえ、落ち着かない気持ちになった。ゴロー(五郎丸歩)も相当緊張していると言っていた。

試合前日。ここからは、最後の覚悟を決めるときだ。つまり、メンタルの準備である。アナリストの(中島)正太がこの4年間をまとめたビデオをつくってくれて、チームミーティングで見せてくれた。

僕自身がキャプテンの映像で始まって、途中から(リーチ)マイケルがキャプテンになり、最後は国歌で終わった。

これまでのことが走馬灯のように駆け巡る。

4年前、分倍河原《ぶばいがわら》駅近くのカフェでエディー(・ジョーンズ)さんからキャプテンの打診を受けたこと。大きなプレッシャーと同時にとてつもないやりがいを感じたこと。大勢のファンの前でウェールズに勝利したこと。試合の出場機会が減ったこと。自分の居場所がなくなったと感じ、代表を辞退しようかと思い悩んだこと…。

涙がこぼれた。

マイケルが「ここまできたら、自分たちの力を出し切るしかない」と言った。全員が頷く。覚悟が決まったと思う。

キャプテンズ・ラン（試合前日に行うキャプテンが指揮を執る練習）では、メディアへの公開練習が15分あって、その使い方の意思疎通ができていなかった。エディーさんも神経が逆立っていたのだろう。声を荒げて指示を出す。顔つきがすごかった。チーム内に緊張が走った。

それでも練習が終わると皆、気持ちがスッキリしたようだった。もうこれ以上の準備をすることはない。できる限りのことをやったという思いだった。

その後、マイケルと2人でお茶をした。彼は自分でカフェをオープンするくらいコーヒーに造詣が深い。美味しいお店に連れて行ってくれた。

ジャパンの話、今後の話、東芝（ブレイブルーパス）の話をした。最後のプレイヤーミーティングで何を話すかも教えてくれた。

「小さいことを気にせず、やるだけ」

よい言葉だと思った。

そして、プレイヤーミーティングの時間。僕は、ある映像を用意していた。用意といっても、実際に動いてもらったのは、キャプテン会議代表の（和田）拓《たく》と前々キャプテンの菊さん（菊谷崇《きくたにたかし》）である。僕は彼らにトップリーグの各チームから、一言コメントをもらうようにお願いしていた。自分たちは日本ラグビーの代表で、日本から自分たちの仲間が応援していることを実感してほしかったのだ。

そして、もう一つ。2012年から日本代表に参加した選手を中心にコメントをもらっていた。山ちゃん（山中亮平）、Tボーイ（坪井秀龍《ひでたつ》）、ロケッツ（村田毅）、ザワさん（小野澤宏時）、うーさん（宇佐美和彦）、ティミー（ティム・ベネット）などのコメントは一緒に戦ってきた仲間が最高であることを教えてくれた。

この人たちのためにも頑張りたいと思ったはず。観る前は皆緊張していたが、ふざけながらの応援メッセージに大笑い。とても楽しんでくれた。

本当によい雰囲気だった。

準備完了。

あとは、マイケルが言った通り、自分たちを信じてやるだけになった。

《9月19日（土）》

南アフリカ戦当日。

メンバーとメンバー外は行動をあまりともにしない。僕は、朝のフィットネスを終え、一人で散歩に出掛けた。外に出ると、早速日本代表のジャージを着た人に出会った。嬉しかった。その後も、南アフリカのジャージを着た人をたくさん見かけた。

ワールドカップの日がこうやってスタートすることが、とても嬉しかった。天気もよかったので、ブライトン駅まで歩くことにした。駅では、ボランティアの人が誘導してくれていた。また、南アのジャージを着た人が大勢いて、彼らにとってラグビーが身近にあること、イギリスにも住んでいる人がいることが感じられた。

ひとつ裏のストリートを歩いたら、雑貨屋、カフェ、古着屋、お土産屋など、普通の観光をしている気分になった。途中で紅茶専門店があったので、妻に少しだけプレゼントを買った。1時間くらい歩いてホテルに戻り、今度はメンバー外の仲間でビーチ沿いのカフェに行った。ここでも、いろいろな人に声をかけられて嬉しかった。その後、僕たちはスタジアムへバンで向かった。いつもの高速道路ではなく、壮大な海の横を通り抜け、草原の中を抜けた。素晴らしい景色。合宿地のある網走《あばしり》を彷彿《ほうふつ》とさせた。

スタジアムに着くと、中では既に試合前のアップが始まっていた。ワールドカップの試合会場の雰囲気は両チームを温かく迎える感じでとてもよかった。会場のファンは明らかに南アフリカの方が多い印象だった。

アップが終わって、選手は一度退場して最後の準備をする。その際、皆が一つになって退場していた。

そのときの皆の顔がよかった。まとまっているなと実感できた。気持ちが高まる。いよいよ試合が始まるのだ。ワクワクした。試合前の国歌斉唱。南アフリカのアンセムが流れたときは、全身が震えた。最高の時間が来たと思った。

そして、君が代。皆が心を一つにしているのがわかった。

一瞬の静寂を挟んで、キックオフの笛が響く。

ＪＡＰＡＮの、僕たちの集大成を見せるときが来た――。

……備忘録も兼ねて書いていた日記を閉じる。このあとのことは、ご存じの方も多いだろう。34対32。最後の最後で日本が逆転のトライをあげて、劇的な勝利を果たした。

勝ったときのことはいまも鮮明に覚えている。

最高の瞬間。僕たちは成し遂げた。

「日本全国のラグビーファンを幸せにし、新しい歴史を築いていこう。そして、それを楽しもう！」

2012年の春、代表のキャプテンに選ばれたとき、僕はチームの大義を考え、大切にしてきた。理念といってもいい。日本代表というチームが存在する意義を考え、それを皆で共有することが必要だと考えたのだ。

その大義がついに結実した。

本当に嬉しい。


僕の人生にとって、ラグビーを通して得てきたことは、計り知れないほどの財産になった。幼い頃にラグビーを始め、最初は嫌々だったのがいつの間にか好きになり、高校、大学でもラグビーを続けた。文武両道を掲げ、誰も歩んだことのない道を目指した。大学卒業後は、東芝ブレイブルーパスでお世話になりキャプテンとして二度も優勝することができた。そして、東芝でのプレーが認められ日本代表にも選ばれた。

僕は、ラグビー選手として体が大きい方でもなければ、足が速いわけでもない。それでも高校、大学、社会人とレギュラーを張り続け、キャプテンまでやらせてもらうことができた。正直に言えば、自分でもなぜキャプテンなんだろうと思うときがある。僕自身、キャプテンに向いていると思ったことはない。

ただ、自分なりに考えて浮かんだことは、自分自身について知り、その中で自分が最大限いかされることをやってきたからだろう。そこで僕はそのことをより明確にしたいと思い、本を書こうと思った。自分が経験させてもらったことが、もしかしたら社会に対して役立てられるのではないかと思ったことも執筆の理由の一つだ。

いままでの人生において、一人の人間として大事にしてきたこと。チームが一つになり、勇気を与えられる集団になるためにやってきたこと。リーダーとして大切にしていきたいと思ったことやリーダーシップについて。そして、僕がラグビーというスポーツを通して考えてきた「なんのために勝つのか」ということ…。それらを書いていきたいと思う。

本書を読んで、多くの人に少しでも前向きになってもらえれば、僕にとってこれ以上嬉しいことはない。

第3章　成長の道のり—幼少〜社会人— 85

第4章　日本代表で学んだこと—エディージャパンの4年間— 125

第1章
勝つチームには大義がある

勝つチームには大義がある

勝つチームには大義がある。

これはラグビーに限らず、すべての組織に共通していることではないだろうか。このチームがなぜ存在するのか、という意義を皆で考え、共有できているチームは強い。むしろ、それがないとチームは動かないと僕は思っている。だから、リーダーは、まずその大義を語れないといけない。

ラグビー日本代表のキャプテンを任されていたとき、僕は「日本のラグビーファンを幸せにできる喜び」、そして「日本ラグビーの新しい歴史を築いていく楽しさ」という二つの大義をエディーさんとともに口にしてきた。

ラグビーという素晴らしいスポーツにできるだけ多くの人に触れてもらいたい。そのために、僕たちは勝利を目指す――。

それが、日本代表の大義だと思ったのだ。

大切なのは、勝つためにプレーするのではなく、勝つことでファンにラグビーの素晴らしさを伝えること。そうすれば、必ずそこに「ストーリー」が生まれる。そのストーリーをファンと共有できれば、何物にも代え難い喜びが待っているはず。

その好例は、やはり今回のワールドカップの結果だろう。このときは、仮に負けたとしても日本代表が応援してくれる皆にとって「憧れの存在」になるように精一杯プレーしようと思っていた。

果たして、結果は素晴らしいものとなった。日本代表の頑張りは南アフリカ戦をはじめ、サモア戦、アメリカ戦での勝利を呼び込むことができた。多くのファンに喜んでもらえたし、結果、代表が皆の憧れの存在になれたのではないだろうか。

2013年のウェールズ戦での勝利もそうだ。秩父宮ラグビー場で行われたこの一戦も、まさに僕たちとファンにとって一つのストーリーを共有できた試合だったと思う。

当時は、試合前日のミーティングで、僕はチームメイトにいくつかの話をした。

覚えているのは、「みんなのことが好きで、みんなと一緒に試合ができることはすごく幸せだ」というチームメイトへの感謝の気持ちと、「ここで日本のラグビーファンを喜ばせることができるのは、自分たちだけだ。だから、その使命を果たせる幸せを感じてプレーしよう！」という大義である。

皆も「日本ラグビーの新しい歴史をつくる！」という意気込みでいたので、この一戦に懸ける思いは一緒だったと思う。

大義があれば、チームは動く。たとえ、どれだけきつくても、その先にある喜びを思うと人は頑張ることができる。

だからリーダーは、拙くてもいいから自分の言葉で話さなくてはいけない。


実を言えば、僕も昔から話ができたわけではない。むしろ学生時代は、言葉よりもプレーで引っ張る意識が強かったと思う。大義についても、東芝ブレイブルーパスに入るまではそんな大げさなことを語るようになるなんて思いもしなかった。

でも、ラグビーを通して出会った素晴らしい人たちのおかげで、大義の重要性、言葉の大切さに気付くことができた。いまでは、自信をもって話すことができる。チームが何を目指すべきか、どうなりたいのか…。

勝利は、いつもその先にあると思っている。

ロイター／アフロ

ワールドカップで日本代表は南アフリカに劇的な勝利を収めた。試合後の記念写真。著者は右から2番目の下

大義の下に続く三つの要素

勝つチームをつくるためには、大義だけではなく、その下に次の三つが必要だと考えている。

これらは、今回の日本代表や東芝で勝ったときに学んだことだ。

・覚悟
・ビジョン（目標と道のり）
・ハードワーク

覚悟とは、一度決めた大義のために日々地道な努力を重ねられるかどうか。これがないと大義は語れないし、仲間からも信頼を得られない。

次にビジョンとは、どうやって強くなるかの過程がハッキリしていることだ。日本代表では、ヘッドコーチのエディーさんが「世界ランキング10位以内に入る」ことや「ワールドカップでベスト8以内に入る」ことを目標に掲げた。

そして、この目標のためにどうすればいいのか、コーチ陣が明確なプランを立てた。もちろん、それが正しいかどうかは戦ってみないとわからないが、大切なのはその道筋が見えているかどうかである。

あとは、そのビジョンに向かって全員がハードワークするのみ。実際、日本代表の合宿では、毎日がハードワークの繰り返しだった。でも、その日々を過ごすことで、僕たちは本当に強くなることができたし、自信が生まれた。何より素晴らしい結果を残すことができた。

大義、覚悟、ビジョン、ハードワーク。

この四つがチームづくりの土台となる。ただし、これをトップダウンで一方的に仕掛けてもよい結果にはなりにくい。あくまでも選手自身に考えさせながら、ともにつくり上げていくことが大切である。

チームを好きになってもらう

4年前、僕が日本代表のキャプテンとして思っていたことは、皆に日本代表に選ばれることにもっと喜びをもってもらいたいということだった。

意外に思われるかもしれないが、かつては選手にとって日本代表は最もプライオリティが高いとは言い難かったと思う。自分が所属するチームを優先したり、ニュージーランドなど海外の代表には興味をもっても自国にはあまり執着しなかったり、代表に行ってチームに戻ってきたときにコンディションが落ちていたりと、ラグビー選手にとって一番のプライオリティではないことがあった。このあたりは、サッカー日本代表とは違うところかもしれない。

僕はそこを変えたいと思っていた。そのためには、まずは選ばれた選手が日本代表というチームを心から好きになってもらう必要があると考えた。仲間を好きになり、チームに居心地のよさをもってもらうことが何より大切だ、と。

合宿が終われば、選手は所属チームに戻る。すると、チームメイトから代表の感想を聞かれる。そのとき、その選手がチームを大事に思い、「きつかったけど楽しかった。あそこでしか得られないものがある」とポジティブな話をすれば、日本代表の価値はもっと上がるだろう。「いつか自分も代表に！」と思う選手が増えていくに違いない。

もっと言えば、そのチームメイトは、家族や友人に代表の話をする。少しずつポジティブな空気が周囲を包んでいく。周辺も含めてプラスの空気が流れている集団は魅力的に映る。それは、そのまま代表への期待となり、選手はその期待に応えようと意欲が上がり頑張るようになる。そのハードワークが、選手をさらに成長させる…。

このサイクルがチームを強くする。そういう意味では、皆がチームを好きになることはとても大切だと思う。

距離を近くする ―個人としてやってきたこと―

日本代表にキャプテンとして選出された1年目、僕はいくつかのことを実践した。まずは僕が皆のことを好きになることである。とは言っても、代表に選ばれる選手たちは、プレーだけでなく人間性も素晴らしい人ばかり。これは、エディーさんが選考の際に重視していたことだった。だから、僕がどうこう思う前に、気付いたら勝手に好きになっていたというのが実際のところ。

もちろん、完璧な人間などいないので、穿《うが》った見方をすれば嫌なところも見えてくる。そうならないために、僕は皆のよいところを積極的に探した。好きになれば、相手も自分のことを好きになってくれるし、信頼関係を築くことができる。仮に悪いところが見えたとしても、あまり気にならなくなる。

他には、新代表チームが結成されてはじめての合宿の際、僕は皆が自然とお互いを好きになれるように、ニックネームを確認し合うことから始めた。名字で呼び合うと、どうしても距離感を感じてしまうと思ったからだ。やっぱり、自分だけの名前で呼ばれると親近感が湧くだろう。例えば、五郎丸はゴロー、立川（理道《はるみち》）はハルといった感じで。

個人としてはもう一つ、毎日全員に一声かけるように心がけた。少しでも会話していれば、相手との心の距離は近づく。仮に、毎日話すチャンスがあるにもかかわらず、それを逸していたらその距離はどうだろうか。当然、違ってくるだろう。そして、一緒に戦うとき、その距離の差がプレーに影響することだってあるかもしれない。

心の距離が近ければ、その人が背負っているものを一緒に背負うことができる。それは少しだけかもしれないけれど、確かに背負うことができる。少しだけかもしれないけれど、その人の考えていることが確かにわかる。そうなれば、よいコミュニケーションが取れる。試合でもよい結果が生まれやすくなる。皆がハッピーになる可能性が高まる。喜びもより一層分かち合うことができる。

最初は小さなことかもしれないが、積み重ねていけばその絆は深まる。だから僕は皆に声をかけ続けた。家族が顔を合わせてたわいない話をするように。

「場」を設ける ―チームとしてやってきたこと―

日本代表では、キャプテンを中心にリーダーシップグループがあり、そこではチームのためになるいろいろな「場」を設けようと話し合った。

例えば、試合の前夜に皆でスパイクを磨くこと。ミーティングルームで輪になってスパイクを磨く。これが結構楽しい。隣の選手とスパイクの見せ合いをしたり、くだらない話で盛り上がったり…。学生時代の部活感覚というか、こういった空気感がチームの雰囲気をよくする。

ちなみに、スパイク磨きは東芝でも行っていた。よいところは、試合が翌日にあることが感覚的にわかる。そして、チーム全体に準備の大切さを浸透させることができる。

実際、試合のときに相手チームの選手のスパイクが汚れているのを見ると、僕は「勝ったな」と思う。チームメイトに目を向けると、同じ気持ちの仲間もいた。相手よりもよい準備をしていると実感でき、自信をもって試合に入れたものだ。

代表では、国歌斉唱にも注目した。テレビで国歌斉唱のシーンが流れるとき、歌詞を知らないのか、あまり口が動いていない選手を見ることがある。特にラグビーの場合は、外国人選手も多いので、そういった部分はより目立つ。そこで、リーダーシップグループの提案で事前に国歌斉唱の練習をすることにした。皆で肩を抱き合い、めいっぱいの声で国歌を歌う。そうすれば、見ている人も「お！」と思うはずだ。

練習の成果もあって、皆意味を理解して歌ってくれた。これによってチームの結束が一段と強くなったと思う。ワールドカップでも全員がこのチームに誇りをもって歌っていた。そこには、日本人選手も外国人選手もなかった。場を設けることで皆がチームメイトを理解することになり、チームの輪が強くなったのだ。

一人ひとりに居場所を用意する

チームに対して自分が活躍できる場がある、自分の居場所があると思えると、人はそのチームに貢献しようとする。

組織に属していて一番つらいのは、自分の存在意義を見いだせないとき。「自分でなくてもいい」「いなくても変わらない」と思ってしまうと、チームへのロイヤリティは下がってしまう。だから、僕はいろいろな居場所を用意することで、誰もがどこかで活躍できるようにしようとした。役割を与えて権限を委譲するのだ。

役割は、オフィシャルのものとは限らないし、自分から見つけてもらっても構わない。例えば、チームの盛り上げ役を買って出るのも立派な居場所となる。

同じ人間はいないからこそ、必ずその人に合った役割はあると思っている。もちろん、役割が少しくらい重なってもいい。大事なのは、チームのためにできることがあることだ。チームに貢献できていると実感できれば、その人もポジティブになれる。自分が認められていると思うので、他人にも優しくなれるのだ。

僕は役割を与えたら、あとはいつも見守るようにしている。余計な手助けはしない。たまに声をかけてあげるくらいだ。もし、やっていることが間違っていても、それはチームのために実行したことなので問題ない。まずはチャレンジしたことを褒めてあげたい。それから、どう軌道修正すればいいのか一緒に考える。

人は失敗から学ぶ。僕もそうだった。大切なのは、失敗を次にいかせるかどうかだ。

東芝では、ビッグブラザーというメンター制度をつくった。ベテランと若手選手が二人1組となって練習内容や取り組み、チームや自身に対する考えなどをシートに書き込んで交換し合ったり、話し合ったりするのだ。

ベテランはリーダーとして、若い選手の話を聞く。若い選手は、自分が思っていることをぶつける。チームミーティングだと大勢いて話しづらいことも、二人だけなら話しやすいし安心感も得られる。ベテランも頼られることで、なんとかしてやろうという気になる。どちらにとっても居場所ができる。

この試みは大成功だった。皆が考えていることを客観的に知ることができたし、自分の意見との温度差をチェックできたり、新しい考えを知ることもできた。

また、リーダーが増えたことで、僕の負担も減ったし、組織として厚みが生まれた。皆のメンタル面も充実していたように思う。

日本代表のリーダーシップグループでもラグビーの練習中において、アタック、ディフェンス、ブレイクダウン（ボールの奪い合い）のリーダーをつくった。練習メニューなどで修正が必要なときは、各リーダーから意見してもらうようにした。そうすることで、リーダーたちは日頃から練習の様子を具《つぶさ》に観察するようになったし、担当コーチとも積極的にコミュニケーションを取るようになった。

一方、オフザフィールドでもリーダーを決めた。こちらは、グラウンド外の規律や社会貢献に関しての指揮を執る。テーピングの片付けやフィジオルーム（テーピングを巻いたり、マッサージする部屋）の使い方、試合後のロッカールームでのあり方などを任せることができた。

日本代表では、社会貢献活動の一つにＳＡＫＵＲＡ基金というのがある。代表が社会貢献活動に取り組むための募金活動である。ここで集まったお金をどう使うかは、選手たちで考えて決める。

２０１３年度、僕は思い切って（木津）武士《たけし》という若い選手をリーダーに登用した。彼ははじめは戸惑いを見せていたが、前向きに取り組んでくれた。彼は、選手一人ひとりのサイン入りジャージを出品するチャリティオークションを提案し、実施に漕《こ》ぎつけた。多くのファンから賛同をもらい、たくさんの寄付金をいただくことができた。

このお金で、僕たちは東日本大震災の被災者である子供たちを秩父宮のウェールズ戦に招待した。これは、リーダーシップグループで自発的にやろうと言い始めて実現したことだ。僕たちがラグビーができていることに感謝し、いまも仮設住宅などで大変な状況にいる子供たちを少しでも勇気づけたいと思ったのである。

そういう意味では、彼らに僕たちがウェールズに勝つという歴史的な勝利を目の前で見てもらうことができたのは本当に嬉しかった。試合後、皆で記念撮影をしたときの子供たちの笑顔を僕は一生忘れない。彼らがいまを生きる上で、少しでも頑張れるきっかけになっていたら本当に嬉しい。

話が逸《そ》れたが、SAKURA基金がこのような素晴らしい活動につながったのは、武士のイニシアチブのおかげである。そう考えると、リーダー一人の頭脳など、本当に大したことはない。だから、僕にできるのは、居場所を提供すること。それも中途半端ではなく、思い切りやることだった。

居場所をつくると、その選手は粋に感じて自分なりに動いてくれる。そしてそれは、チームのことを好きになる一つのきっかけになり得ると思う。

この組織に参加することが自分の成長につながるとわかれば、自然と組織へのロイヤリティは上がる。また、この組織に入りたいと思う優秀な人が増え、より素晴らしい組織ができ上がっていく。

チームを好きになってもらうには、小さなことを積み重ねていくしかないと思う。好きになる感覚は人それぞれ違う。国歌斉唱の練習が好きな選手もいれば、スパイク磨きが好きな選手もいるだろう。だから、なにげないことかもしれないけど、一つひとつを丁寧に積み上げていく。最初は小さな輪でもそれがどんどん大きくなり、強固になる。そうすれば、ちょっとしたことでは潰れなくなる。気が付けば、自然とOne Teamになっている。

最後に勝敗を分けるのは、ちょっとした差。しかし、その差には理由がある。どれだけチームへの忠誠心が高いか。どれだけチームとして一つになっているか。勇気あるプレーや言葉にできない一体感はそこにある。

ファンは、それを感じ取ってくれる。だから、精一杯の声を出して応援してくれる。僕たちはファンの応援をパワーにしてさらに頑張ることができる。チームにかかわるすべての人たちがよいサイクルに入る。

チームとは、生き物である。そして、その可能性は無限大だ。

僕の恩師の一人、野上友一監督（常翔学園高等学校）は、チームは一日でよくなるとおっしゃっていた。

同感である。個人のスキルやフィットネスは一日で大幅に変わることはないが、チームは誰かのちょっとした行動ひとつで一気によくなったりする。もちろん、逆もしかり。誰かが足を引っ張れば、チームは一気に悪くなったりする。本当に繊細だと思う。

自信を積み上げていく

自信は、誰かにつくってもらうことはできない。でも、最初は経験ある先人から客観的に見てもらい、その人の言葉を信じることから始まるのかもしれない。

エディーさんは代表のヘッドコーチに就任したとき、「目標は世界トップ10に入ること」だと宣言した。正直に言うと、僕にははじめそのことが想像できなかった。なぜなら、経験がなかったからだ。その世界にいたことのない僕たちに、日本代表が世界の列強に伍《ご》する可能性を思い描けなかったのだ。

でも、エディーさんは違った。彼はオーストラリア代表をはじめ、世界のトップチームのヘッドコーチを歴任してきた「世界を知っている」人だった。だから、彼の言葉を信じることで、「トップ10に入る」という光が見えたのだ。

もちろん、それだけでは自信はつくれない。彼の言葉を信じ、彼の言うことを必死で実践し、そして自分たちを信じてつくり上げていく。

ヨーロッパ遠征での勝利やウェールズ戦での勝利は、僕たちに大きな自信を植え付けてくれた。自分たちのその手で成し遂げてはじめて、本当の自信になったのだ。

この工程は、本当に楽しい。自分たちのスタイルができ上がっていく、成功の文化をつくる作業。それは、小さな成功体験の積み重ねによってできる。

明確なプランのもとに、ハードワークをこなしていき、一つひとつをクリアしていくことが自信につながる。自分の中でやりきったと思えた瞬間、それが自信になる。

日本代表では、自分たちがやってきたことを目に見えるようにした。具体的には、日々の練習のよい点と悪い点を検討して、Evernote というアプリで皆が共有できるようにした。

試合前、僕たちはどうしてもナーバスになりやすい。そのときに、この記録を見る。自分たちの努力の積み重ねを見ることで、自分たちを信じるのである。自分たちでやってきたからこそ、力を発揮することができる。そして、試合で結果を出せば、成功のサイクルができ上がる。自信が確信に変わっていく。

また僕の場合は、若い選手に自信をもたせる役割もある。自信がない、あるいは失っている選手や経験の少ない選手に対しては、よいプレーをしたときは積極的に褒めるようにしている。

選手にとっては、まわりから認められていると思えることが大事。だから、まずはそういった環境づくりを心がける。それから、チャレンジを促していく。

すると、本人がもともともっている素晴らしいプレーが現れるようになる。そのタイミングを逃さず褒める。自分がプレーしたことに対してよいフィードバックを受けると、当然本人の気分は上がる。それが積み重なれば、自信につながるのである。

仮にうまくいかなかったとしても、チャレンジしたことを褒めればいい。すぐに結果が出るとは限らない。でも、チャレンジしなければ、結果は永遠に出ない。苦しいかもしれないけど、乗り越えることができればその喜びは大きく、次への意欲となる。

ハードワークをこなし、小さな成功体験を積み重ねてきたからこそ自信をもってプレーができる

小さな自信を積み上げていくことで、揺るぎないチームや個人が生まれていくのである。

さて、ここまで僕なりの勝つチームづくりに向けたアプローチを記してきた。

第一に「大義」があり、その下に「覚悟」「ビジョン」「ハードワーク」がある。

正直に言うと、「日本代表」だからチームがまとまりやすかったとは思う。「日本ラグビーの歴史を変えて、ファンを幸せにする」という大義を共有しやすかったし、それを実現するための覚悟をもった人たちが集まっていたからだ。世界的な名将が明確なビジョンを示してくれたし、国を背負った男たちはハードワークを厭わなかった。このチームの土台は本当にしっかりしていた。

一方、この話を企業や組織にいかすことを考えるとどうだろうか。もしかすると、価値観やモチベーションの異なる人たちと同じ大義を共有することからして容易ではないという声があるかもしれない。

それでも、一緒になってよくすることは必ずできる。決して諦めないこと、最後は自分たちの情熱次第である。

そして、どんなに優秀なリーダーでも一人では何もできない。リーダーが覚悟をもって方針を示し、それをまわりが補完しながら進めていかなくては何も実現できないだろう。

周囲を巻き込むためには、皆がチームのことをどんどん好きになってもらうことが必須だ。その仕掛けとして、一つになる場を設けることや各々が活躍できる居場所を用意することが大事になってくる。

小さくて地味かもしれないが、諦めずに積み重ねていけば、必ず素晴らしい組織ができる。組織論の本質はシンプルなのだ。

それからもう一つ。今回のワールドカップで再確認したことがある。

それは、「勝たなくてはいけない」ということ。

僕たちは「憧れの存在になる」という目標を掲げてきたが、それを理解してもらうためには勝たなければいけないことを改めて知った。南アフリカに勝っていなかったら、いまのこの状況はなかった。

なんのために勝つのか、そして、勝ち切ることの大事さを知った。

次章では、個人として大事にしてきたことを述べていく。自分の立場に関係なく、組織に貢献できる人間になるために僕がやってきたこと、大義を実現するために個人としてできることなどを書いていく。

第2章
進化を楽しむ

考え続ける

僕は、中学、高校、大学、社会人チーム…と所属したすべてのチームでキャプテンを任されてきた。でも、なぜ自分がキャプテンに指名されてきたのか、正直言うとよくわからない。そもそも、自分にリーダーとしての資質があると思ったこともあまりない。

僕はただ、そのときそのときを悩み、考えてきたにすぎない。

ラグビーにおいて、僕は決してエリート街道を歩んできたわけではない。小学生の頃は大阪・吹田《すいた》のラグビースクールに通い、中・高はともに公立校の部活でプレーしていた。中学校はやんちゃな部員が多く、ラグビーよりもケンカに自信があるようなチームだったし、高校は進学校だったので、部活よりも学業を優先するチームだった。どちらも「強い」ラグビーを目指すというよりは、ラグビーを「楽しむ」感じだった。

でも、僕にとっては、それがよかったのかもしれない。いわゆる強豪チームじゃなかったからこそ、練習メニューや戦術などを自分たちで考え実践することができたからだ。もし、強豪チームに所属していたら、大抵のことは監督を中心にトップダウンで決まるだろうし、僕もそれに甘んじて何も考えずに言われたことだけをやっていたかもしれない。

高校時代は、顧問の先生が自分で考えることを尊重してくれていたので、僕はチームがよくなるためにどうすればいいのかをずっと考えていた。

先を読んでプレーしたり、戦術を勉強したり、自分の長所や短所を分析してそれぞれを鍛えたり…。それこそ試合中、ハーフタイムに自ら監督に作戦変更をお願いしたこともあった。了解をもらい、結果が出たときはとても嬉しかったことを覚えている。

練習時間以外でも時間があるとラグビーのことを考えていたし、テレビでラグビーの試合が放送されると必ず録画して観ていた。神戸製鋼が3連覇したときの試合や、ヨーロッパのファイブ・ネーションズ（現・シックス・ネーションズ）などは、僕にとっては格好の学習材だった。

プレーを真似《まね》するためにその部分だけを何度も観たり、ボールの動かし方のセオリーやプレーがうまくいく理由を知るために全体の流れを観たり、と研究を怠らなかった。

他には相手チームの弱点を探したり、自分のチームがより強くなるための戦術を考えることも好きだった。

これらの積み重ねがラグビーへの理解を深め、いまの自分の力となっている。だから、必ずしも強いチームでなかったことが悪かったとは思わない。むしろ、自分に合った環境だったと思う。

与えられた環境の中で考え続け工夫することは、ラグビーをする上でも人生でも必ず役に立つのではないだろうか。

自分の「強み」を突き詰める

常に考えて工夫するということは、いまもずっと継続している。

東芝に入って2年目の秋、僕はポジションをスタンドオフからウイングへとコンバートされた。ある試合前のメンバー発表で、控え室のホワイトボードに貼られたスターティングメンバーを見ると、僕の名前がウイングとして書かれていたのだ。

学生時代からずっとスタンドオフとしてチームの攻撃を指揮してきた僕は、とても困惑した。

スタンドオフは司令塔で、ウイングはトライゲッター。役割が全然違う。スタンドオフは、フォワードから来るボールをどう攻撃につなげるか決める役割をもつ。パス、キック、ラン……。どれを選択するかを常に考えながら動く。攻撃のラインが整っていたら素早くパスを出し、相手に隙があれば自分で持って走る。チームメイトと相手の動きを把握し、全体のバランスにも気を配りながらオーガナイズしていかなくてはいけない。

一方、ウイングはサイドラインでボールを受けると、ゴールに向かって一気に駆け抜ける花形のポジションである。どちらかと言うと周囲のお膳立てを受けて自分が引き立つことが多い。しかも、ウイングは足の速さや身体の大きさなど、身体能力の高さがものを言うポジションである。僕はそれほど足が速くなかったし、身体も大きくなかった。

コーチからは、僕の体幹の強さ、タックルされてもなかなか倒れないことを買ってのコンバートだと言われどうにか納得したが、それでもウイングとして生きるためにはどうすればいいのか、僕なりのウイング像を考える必要があった。

僕にないものを求めても仕方がないので、自分にしかない強みをいかそうと思った。もともと得意だったステップに磨きをかけ、どんな小さなスペースでも前に出られるように練習した。また、スタンドオフで培ってきた経験も役に立った。ウイングはできるだけ自分がよい状況をつくってボールをもらわなければならないが、そうタイミングよくボールが来るわけでもない。

そこで僕はチームメイトと積極的にコミュニケーションを取り、どういうときにボールが欲しいのかなど、自分の要望を伝える一方で、パスの出し手の気持ちを汲《く》んで動くことを意識した。サイドにいながらも、カバーが必要なときはすぐに中に入ってフォローしたり、代わりにパスを出したり、中の選手の気持ちがわかるからこそできるプレーをした。チームメイトの性格やプレースタイルを理解し、お互いがいきるような動きを心がけた。

努力の甲斐《かい》あって、僕は他のウイングの選手よりもボールのタッチ回数が多く、プレーしているエリアも広かった。ウイングにいながら、スタンドオフのプレーもできる。足が速くないので、ただ走ってトライするだけではない部分、他のウイングの選手には見えない、考えないところをフォローすることで、チームに貢献し、自分の強みにすることができたと思う。

アフロスポーツ

東芝に入って2年目の秋、ポジションをウイングに変更。自分の強みをいかしてレギュラーに定着する

そうやって、一つひとつ積み重ねていった結果、チームメイトからの信頼を勝ち得て試合に出続けることができ、その年のマイクロソフトカップ（現・トップリーグプレーオフ）MVPというご褒美までもらうことができた。このときは本当に嬉しく、自分がやってきたことが間違いではなかったと、大きな自信になった。

自分がよりいきるために自分の強みは何かを常に考え続け、創意工夫を欠かさない。それが自分がステップアップする近道だと思っている。

自分なりのスタイルを見つける

身近にすごい人がいると、つい真似をしたくなる。でも、真似をしているだけでは本当の力は身に付かない。うまく真似ができても、薄っぺらなものにしかならない。それでは、物事がうまくいかなくなったときに通用しない。

そのことをつくづく感じたのは、東芝でキャプテンに任命された1年目のことだ。東芝に入って4年目の2007年春、僕はキャプテンになった。

チームは前年まで薫田《くんだ》（真広）監督のもと、トップリーグ3連覇を果たすなど、絶頂期を迎えていた。前任のキャプテンはトミさん（冨岡鉄平）で、圧倒的なカリスマ性でチームを牽引していた。実際、東芝の3連覇は、トミさんなくしては実現しなかったと思う。

彼のすごさは、人間的な魅力に加えて、言葉の使い方が抜群にうまかったことだ。それこそ、大義を考え、それを言語化してチームに浸透させることが抜群にうまかった。

トミさんの話を聞いていると、つい「その通りだ！」と思ってしまう。東芝が優勝するための大義、ストーリーをつくり出し、それを自分の言葉で話すことができる。口にするのは恥ずかしいと思うことでも彼は堂々と言う。そして、聞いている僕たちはいつの間にか、そのストーリーを信じ、実現するために動いている。選手を乗せるのが得意なのだ。

それまで僕はキャプテンとはプレーで引っ張るものだと思っていたところがあったので、彼の姿はとても新鮮に映った。

いまでも鮮烈に覚えているのは、トミさんからキャプテンを引き継ぐときに「お前が日本一のキャプテンにならないと、チームは日本一になれない」と言われたこと。裏を返せば、「俺は日本一のキャプテンだったから、チームも日本一になったぞ」という自負でもある。なかなか言えることではない。でも、彼は言い切る。そこがすごい。そして、僕もその通りだと思った。

日本一のキャプテンがどういう人かというのは説明できない。あくまでも抽象的なものでしかないからだ。でも、顔つきや雰囲気でわかる。会って話をすると「ああ、日本一のキャプテンだ」とわかるのだ。

だから、僕はキャプテンを引き継いだとき、そのことを強く意識した。もっと言えば、キャプテンとしてどう振る舞えばいいのか、どう考えればいいのかなど、トミさんのキャプテン像をトレースすることで乗り越えようとした。

でも、それは失敗だった。彼を追いかけすぎてしまったことで、僕自身のスタイルがつくれなかったのだ。

チームも3連覇を遂げたあとだったので、ちょっとした虚脱感のようなものがあった。すべてを勝ち取ったが故に、次は何を目指せばいいのか目標を見失っていた。そこを僕はきちんと軌道修正できなかった。

結局、この年のチームの成績は、トップリーグ4位。プレーオフも1回戦で敗れてしまった。僕にとってもチームにとっても本当に苦しい1年だった。シーズンの終盤、負けが続いたときは、キャプテンを辞めようと思いスタッフに相談したくらい悩んでいた。

チームメイトやスタッフたちもどうすればいいのか、どうしてほしいのかが最後までわからなかったと思う。実際、反省を兼ねたミーティングで、このときはリーダー不在だったと言われた。僕はリードしていたつもりでも、皆からはリーダーがいなかったと思われていたのだ。

悔しかったけど、それが現実だった。僕は皆の力を存分に引き出す場を与えることができなかった。そう思うと、随分と皆に苦しい思いをさせたと自分が情けなかった。

この経験以来、僕は他人のコピーをすることをやめた。参考にはするけど、追いかけてはいけない。その本質だけを捉え、自分なりのものにしていけるようにすることを大切にした。

皆からも、改めてリーダー中心のチームづくりをしてほしいと言われていたし、僕が思っていることを積極的にやってくれればいいと背中を押されたので、自分が思ったことを積極的に話すようになった。

自分なりの考え方で、チームがうまくいくように考え、そのために積極的に発言していく。1年目は、皆に気を遣いすぎていたところもあったので、それも極力減らした。自分なりのビジョンを明確にした。そうやってもう一度チームを立て直すことができ、結果として翌年の優勝につなげることができた。

誰かのコピーではなく、自分なりのスタイルを見つけ自分の言葉で話す。僕はそれをいつも忘れないようにしている。

覚悟をもつ

覚悟。いま言葉で聞いてもゾクッとする。本当に覚悟があるかどうかで、言動は大きく変わってくる。覚悟がなければ、やらない方がいい。

振り返ってみれば、僕は学生時代からキャプテンを任されてきたが、覚悟が全然足りなかったのだと思う。

東芝キャプテン2年目。僕は前年に自分のスタイルを築けなかった反省から、自分だけにしか描けないものをつくろうと思い、できるだけ自分の言葉で話すように努めてきた。

その甲斐あってか、チームの雰囲気も少しずつ変わり始めた。試行錯誤しながらの毎日だったが、僕が発する言葉がよいときは練習も充実していたし、試合もよい緊張感をもって臨めていた気がする。

よくなってきている手応えがあった。でも、客観的に見るとまだまだだったのだろう。夏合宿でのこと。薫田前監督とお酒を飲む機会があった。薫田さんは、僕を東芝に誘ってくれた恩人である。ラグビー界では名将として知られ、「親に見せられない」といわれるくらいの練習を課すほど厳しい人だが、同時に情が深く愛をもって接してくれる人でもある。

その薫田さんから「お前には覚悟が足りない。遠回りするぞ」と言われた。

僕の言動にまだ力強さが足りなかったのだろう。キャプテンを背負うとはどういうことか、「日本一のキャプテン」とはどういうことかを僕はまだわかっていなかったのだと思う。煮え切らない僕を叱咤《しった》激励してくれた。愛ある一言だった。

このとき、具体的にどうするかという話になった。皆で日本酒を飲みながら、何をするのが一番大変かと考えたとき、答えは目の前にあった。……禁酒。

僕がお酒を好きなのは皆が知っていた。まさかとは思ったが話し合いの結果、半ば強制的に決まった。冗談のような話だが、覚悟をもつきっかけとしては悪くない。その効果がどれほどあったかはわからないが、少なくとも僕は自身に対してさらにストイックになれた気がする。

それに合わせて、皆の僕を見る目も変わってきた。普段の僕の顔つきや言動を見て、何かを感じ取ったのではないかと思う。おかげでチームもまとまり、リーグ戦を順調に勝ち進めることができた。

ただ、その矢先にチーム内でとんでもない不祥事が生じ、僕はさらなる覚悟を迫られることになるのだが……。このときのことについては後述するが、ここでの覚悟はもう再現できないレベルのものだった。

誰かが何かをやりたいと言ったとき、僕はまずその人の覚悟を見る。

中途半端は誰も幸せにはできない。逆に、覚悟を決めれば、必ず支えてくれる人が現れる。その人を応援したくなるからだ。たまには弱音を吐いたっていい。でも、翌日には前を向いて戦っていく。そうやって人は成長するのだと思っている。

逃げたら、同じ壁

人生において、なかなかうまくいかないことがある。そんなとき、僕はある言葉を思い出す。

「逃げたら、同じ壁」

人は何かをするとき、必ず壁にぶつかる。そのときに、どうするか。壁の高さに気をくじかれ諦めてしまうか、とりあえず迂回《うかい》する道を探ってしまうか…。

僕はまず、いったん落ち着いて考える。ここで諦めてしまっても、いつかまた同じ壁にぶつかるかもしれない。だとするならば、今回で乗り越えてしまった方がいい。そして、覚悟を決めて真正面から挑戦する道を選択する。

壁を乗り越えたときの新しい世界を見たい。きっと乗り越えても、また次の高い壁が現れるだろう。でも、またそこにチャレンジできる自分が好きだ。その壁を越え、さらにレベルアップした自分に出会えると思うと、ワクワクしてくるのだ。

壁の乗り越え方は人それぞれだと思う。正解はない。僕の場合は、ただ忍耐強くやるだけである。ひたすら考えて、行動して、自分を信じて続ける。糸口すら見えないことも多いけど、自分ができることはすべてやる。

あとは、信頼できる人に客観的な意見を求めることもある。逆に、いい加減な人の意見には耳を貸さない。変に流されてしまいかねないから。


もちろん、どれだけ頑張っても乗り越えられないときもある。

どうしても乗り越えられなかったら、次の機会まで待てばいい。もっと成長したときに乗り越えられたらいいのだと思う。たくさん考えて、勇気をもってチャレンジしたのであれば、後悔することなどない。

大事なのは、同じ失敗を繰り返さないことである。なぜ、うまくいかなかったのかを十分に考え、自分なりの結論を出して次にいかすようにする。そうすれば、少しだけでも成長することができる。

僕は、成長する自分が好きだ。成長していると思うと嬉しくなるし、自信を失わずに生きていける。結果がどうあろうと、周囲から何も変わっていないように見られていても、自分が成長していると思えば大丈夫。他人の評価は気にしない。

逆に、指導や助言する立場から考えると、視点は変わってくる。その人にとっての壁が、自分から見ると簡単だと思えても、本人にとっては大変だということは多い。だから、相手の立場になって一緒に考えてあげなくてはいけない。

このとき、自分が導くのではなく、その人自身が考え、自力で乗り越えられるように手助けすることが大事だ。

当たり前のことなのだが、これが結構難しい。でも、自身のことを振り返ると、自分の周囲の人たちは、そうやって僕を手助けしてくれたように思う。

逃げずに、その人なりの方法で壁に立ち向かう。

逃げたら、同じ壁。

相手を尊重する

人とかかわるときに大切なのは、相手との信頼関係を築けているかどうか。信頼関係がなければ、こちらがどんなにいいことを言っても響かない。

信頼関係を築くポイントは、まずは相手の話を聞くこと。相手を理解してから自分の話をするようにする。

次に、重要になってくるのは話をするタイミング。話し手は、自分本位になりがちである。特にリーダーは時間もない。だから、こちらのタイミングで物事を進めてしまう。でも、相手はその準備ができていないことがある。そんなときに物事を伝えると、うまくいかないケースが出てくる。相手が受け入れ体制になっているかどうかを見極めて話す。準備ができていないと思えば、慎重に進めていかなくてはならない。本当に重要なことを話すときは、相手のまわりの人からあらかじめ情報を入手しておくといいだろう。

また、相手が納得できていないときがあれば、何かしらのシグナルが出てくる。そこでの違和感を大切にしたい。自分の話し方がまずかったのか、部屋の空気が悪いのかなど細かいことにも配慮する必要がある。

そして、最後に悪口を言わない。他の人との会話で誰かの悪口になってしまった場合は、その誰かに伝わる前になるべく自分で伝えるようにする。自分本位のタイミングでない段階で。悪口ひとつで信頼関係はすぐに崩れる。そこからの再構築は容易ではない。だからこそ、相手を尊重することが大事なのである。

「知らない」を知る

物事を進めるとき、まずは自分だけで、次にまわりの人たちと相談して考えていく。でも、同じ環境、空間で過ごしてきた人たちだけだと、どうしても考えが偏ってしまうことがある。

そうならないために、僕はできるだけ違った環境にいた人やたくさんの経験をもった人の話を聞くようにしている。いきなり自分の考えを聞いてもらうのではなく、相手の話をたくさん聞く。

僕は、その人の現在に至るまでの話を聞くのが好きだ。なぜなら、そこには僕の悩みを解決してくれるヒントが隠されているからだ。

以前お会いした経営学者の遠藤功さんに、日本人には組織にストーリーがあると、その組織のために頑張れるところがあると教えられた。確かに、ストーリーは皆を一つにする。東芝もストーリーを大切にしてきたからこそ何度も優勝できた。

聞く話は、必ずしも深刻なものばかりではない。ちょっとしたトリビア的な話も僕にとっては楽しい。遠藤さんから、ケーキの組み合わせとしてデザートワインがあると聞いたときは、「そうなんだ!」と驚いた。僕はコーヒー以外には考えられないと思っていたから。ちょっとした話でも、自分の既成概念を破られると楽しくなる。いろいろな人から話を聞いていると、自分ももっと発信しないといけないとも思う。ラグビーのおもしろさ、スポーツの価値など、僕自身が思っていることを多くの人に伝えたい。

「知る」ということで言えば、読書もいい。本は、違う人生を歩んできた人の道程を辿《たど》ることができる。自分の悩みや考えていることが小さく思えるようなすごい話がたくさんある。あるいは、自分と同じ悩みを抱えている話であれば、大いに励まされる。

僕は時間がないのは言い訳だと思って、少しでも本を読む時間を確保するようにしている。最近読んだのは、塩野七生さんの『ローマ人の物語』。ローマは服従させた地域を自分たちのやり方で治めるのではなく、その国の特性をいかしたのだという。この寛容さが、ローマを強大にした。なるほどと思う。チームづくりにもいかせそうだ。

自分の発想には限界がある。だからこそ、他の発想に触れる機会を大切にしたい。

失敗から学ぶ

失敗しても次にいかすことができれば、それは成長への糧となる。だから、諦めないことが大事だと思っている。

どうしても、失敗すると落ち込む。でも、もやもやしている時間があるなら、次に進むことを考えるように切り替える。振り返り、反省し、同じ失敗を繰り返さないようにする。過去ではなく、未来に対して向き合う。そして、いまの自分に何ができるかを考えるのだ。一生懸命やってきたという自負があれば、たとえ失敗しても前を向けるはずだ。

こんなふうに思えるようになったのは、僕自身が大きな失敗をおかしてきたからだ。2007年、日本代表にはじめて招集されたときは、その典型例だったと思う。

当時の僕は、トップリーグで結果を出し、チームでもキャプテンを任されるなど、選手として充実した日々を送っていた。そして、スタンドオフというポジションの性質もあって、僕は代表でもリーダー候補の一人として選ばれた。メディアや周囲も好反応で、廣瀬はこのままワールドカップのメンバーに入るだろうという憶測が流れた。

そこで僕はすっかり勘違いしてしまった。楽観ムードの空気に、僕はいつの間にか自分自身を見失い、必死さを失っていく。代表に残るのは並大抵のことではない。にもかかわらず、僕は一つひとつのプレーを大切にすることができなかった。

そんな僕の姿が魅力的に見えるはずがない。当時のヘッドコーチだったジョン・カーワンは、しばらくして僕を代表から外した。いま振り返ってみると妥当な判断だったと思う。でも、当時の僕は本当に落ち込んだ。自分のプレースタイルへの自信もやる気も失いかけた。なんとか自分を取り戻せたのは、諦めないという思いがあったから。「こういう経験は滅多にできるものではない。神様から這《は》い上がるチャンスをもらったんだ」と思うことで、一からやり直すことができたのだと思う。

またこのときの経験は、本質を見抜く大切さを教えてくれた。

メンバーを選ぶのは、メディアでもまわりの人間でもなくヘッドコーチだ。そのヘッドコーチに僕はきちんとアピールできなかった。

僕自身がどう思っているとか、メディアや周囲がどう言っているのかは関係ない。自分を客観的に見て、どう見えるか判断できないといけないのである。

代表に落選したことは、僕だけでなく、身近な人も落胆させてしまった。常に一生懸命やらなければ、誰も幸せになれないということだ。

以来僕は、どんなときでも全力を尽くそうと心に決めた。

このときに学んだことは、東芝のキャプテン時代やキャプテン会議（トップリーグに加盟するチームのキャプテン等で構成される）の代表でもいかすことができた。そしてそれが、2012年に日本代表のキャプテンとして復帰することにつながったのだと思っている。

感謝と謙虚

週に一度、僕はいまの環境に感謝するようにしている。普通に過ごしていると、どうしてもすべてのことが当たり前に思えてくるからだ。

クラブハウスに行けば、いつでもトレーニングができる設備が整っている。水回りも完備されているから水やお湯もすぐに使えるし、アイスバス（いわゆる水風呂）もすぐに入れる。家に帰れば、妻が家事や子供の世話を完璧にこなしてくれている。

好きなことを好きなだけやらせてもらっている生活。それが可能になっているのは、誰かがサポートしてくれているからである。決して自分一人で成り立っているわけではない。

だから僕はそのことを噛《か》みしめ、心からありがとうと思うのだ。

もちろん、この気持ちを直接本人に伝えるときもあるが、具体的に誰に伝えればよいのかわからないときは、その分自分が前向きに生きたり、誰かに優しく接することにしている。

僕がこうして感謝の気持ちを強くもつようになったのは、やはり2009年の不祥事が大きい。あのときのファンの声援、周囲のサポートは、感謝してもし足りない。いま、僕たちがこうして普通に練習をして、試合ができているのはそういった人々のおかげだと本当に思うのだ。

2013年にはチーム内で「5分間清掃」ということを始めた。自分の担当箇所を決めて、そこが汚れていたら5分間かけて掃除するのである。いつも掃除してくれる中山さんという方もいるのだが、自分たちで使っている施設なのだから、皆で少しでも綺麗にしようというわけだ。

僕はとてもよい試みだと思う。ものを大切にする、感謝の気持ちをもつといったことが実感できる。

もう一つ、感謝に近いことで言えば、謙虚であることの大切さがある。

僕はプレーがうまくいっていたりすると、知らない間に調子に乗ってしまうときがある。天狗になるとまでは言わないが、言葉が少し雑になったり、行動が疎《おろそ》かになったりするのだ。

自分としては、皆を喜ばそうと思って言っていることでも、それが逆に人を傷つけてしまっている場合がある。あるいは疲れていて、応対が雑になったりすることもある。気が付くと、相手の顔や周囲の目がいつもと違う。「やってしまった！」と思ったら、その場ですぐに謝る。そして、大いに反省する。

いつもできているわけではないが、謙虚であること。この心がけが大事だと思う。

準備の大切さ

勝負事は準備がすべて。よい準備をすると自信も生まれて、よい結果が出る可能性が高まる。よい目標、よい練習、そして練習のためのよい準備……。特別なことは何ひとつない。大切なのは、積み重ねていくということ。

ラグビーはチームスポーツ。個人としての準備はチームメイトへのマナーだと思う。僕の場合は、練習前の準備として、体幹チューニング、筋膜リリース（筋肉や臓器を包む膜をほぐすこと）など体の調子をよくすることに時間をかける。

練習後は、サプリメントを摂って、アイスバスに入りストレッチ。帰宅したら、食事を摂り、お風呂に入り、またストレッチをして早めに寝る。毎晩10時過ぎに寝て、6時に起きるというのが、僕の生活サイクル。練習後には次の準備が始まっている。

食事は玄米や蕎麦を主食にして、脂質は魚の油…と気を使う。お酒も普段はあまり飲まない。脱水すると肉離れを起こしやすいので、水分をたくさん摂る。

人からよく健康的ですねと言われるが、すべては試合でよい結果を出すため。チームのトレーニングスケジュールを把握し、自分なりのルーティンをつくり、当たり前のことを当たり前に行う。これに勝るよい準備はないと思う。

試合後のリカバリーでは、栄養摂取とアイスバス。翌日はまたアイスバスを経て自転車…。そうやって、次の試合への準備に入っていく。

よい試合ができるのは、よい準備ができているから。日々の変化は小さくても、その積み重ねが大きな成果を生む。

進化を楽しむ

多くの日本人が日本語を話すのは、日本語を話す環境にいたからだけにすぎない。つまり、その人が置かれている環境は、その人を構成する大きな要因となるわけだ。

だから僕は、自分が多くの時間を過ごすことになるチームを素晴らしいものにしたいと思う。チームがよくなれば、結果的に勝率が上がり、自分たちがやりたいことを表現できるようになる。そして、それが自分を成長させる。

僕は自分が成長することに喜びを感じる。もっと言えば、進化している自分が好きだ。生きながら進化していくことが楽しいのである。

新たなことを知り、学び、自分のものになる興奮。トレーニングによって身体機能が上がっていくことへの快感。自分がどんどん更新されている感覚はとても気持ちがいい。また、進化し続けようとする人は、皆前向きで魅力的。

僕はチームとは別で個人的にいろいろな人にトレーニングをお願いしたり、身体について教えてもらったりしている。

治療家の町田（勉）先生からの学びは多い。例えば、内臓器官の働きがとても重要だということ。足裏がベトベトしていたら足湯をすること。なんとも言えない疲れがあるときはしじみ汁を飲むこと…など。他には、特に負傷していないのに膝が痛み出したら、他のバランスが悪くなっていることだと教わった。下半身だけの問題ではなく、背中、あるいは首の動きが原因かもしれないということである。

また、僕は体が硬かったのだが、ストレッチで少しずつ改善させてきた。怪我が少なかったので軽視していたが、体の柔軟性はとても大切である。体の可動域が広がり、しなやかになる。ストレッチのおかげか、最近は猫背も改善されてきた。姿勢がよくなると自信が生まれる。

日本代表のS&C（ストレングス&コンディショニング）コーディネーターのJP（ジョン・プライヤー）との出会いには本当に目を開かされた。彼の提唱するトレーニングは創意工夫の塊。アクアバッグを使ったトレーニングは、ラグビーがもつ複雑な状況に対応できる動きをつくってくれるし、陸上競技のスピードトレーニングは自己流のフォームを改善し、スピードアップすることができた。34歳のいまでも、よくなっていると実感できるのは本当に嬉しい。ＪＰのいつも新しいものを取り入れようとする姿勢は、とても尊敬できる。

一番長いお付き合いになるのが、上達屋の手塚（一志）さん。

最初の出会いは、２００９年。僕は昔から腰で折れ曲がる地面の蹴り方をしていたようで、反力を吸収し十分に力を伝え切れていないという指摘をもらい、正しい体の使い方を学んだ。また、敵の重心を上げるステップを教わったり、試合によいコンディションで臨めるようにトレーニングしてもらったこともある。

手塚さんはフィジカル面の指導者だけでなく、僕にとってはメンターの一人でもある。例えば、体のバランスを整えることで心も整えることができると教わったり、チーム状況について相談に乗ってもらったりした。

こうして書いてみると、僕はいつも新しいことに挑戦し進化してきた。だからこそ、ここまで楽しくラグビーをやって来られたのだ。そして、これからもこの道は終わることはない。

そういう環境にいさせてもらったことに感謝しなくてはいけない。また、トレーニングは一人では続かない。くじけそうなときに、いつも一緒に付き合ってくれたタケ（宇薄岳央《うすずきたけひさ》）とミッチー（三井大祐）には本当に感謝している。

超一流から学ぶ

仕事もスポーツも報酬をもらってやる以上、成果を出して当たり前。一流の人とは、自分のことがしっかりできて、いつも進化し続けようとする人のことだと思っている。

では、超一流とは何か。

それは、一流のことを自分だけがやるのではなく、まわりの人も巻き込んでよい方向にもっていける人ではないだろうか。

例えば、個人練習をするだけでも周囲に「真似したい」「見習いたい」と思わせることができる選手。ミーティングや普段の言動でも、自然と皆を同じ方向に向かせることができる選手。小さなこと、雑用などを率先してやる選手。その人なりの方法でチームに貢献し続ける選手…。

僕自身もこうありたいと思う。いまのところ、常に進化を求め続けることはできていると思うが、まわりを巻き込むことに関してはまだまだである。もっと自分からきっかけをつくれるようになりたい。

幸いなことに、僕は素晴らしいチームメイトに恵まれてきた。それこそ、東芝には超一流の選手が何人もいる。例えば、外国人選手のベイツィー（スティーブン・ベイツ）からは、プロフェッショナルの姿勢を学んだ。彼はチームに加入して7年間、すべての試合に出場していた。これは本当にすごいこと。彼が試合に出続けられているのは、いつも準備を怠らないから。僕は彼を見続けてそのことを学んだ。

ヒリー（デイビッド・ヒル）からは、ゲームコントロールについて学んだ。彼は自分で考えプレーすることができる。試合では常に素晴らしいマネジメントをする。人生を楽しむことも教えてくれた。

ストーミー（スコット・マクラウド）とニック（ニコラス・ホルテン）は、いつもチームファースト。「東芝ＬＯＶＥ」を公言してはばからず、試合が終わっても、本拠地の府中に集まって皆で過ごすことを望む。僕が行けないと真剣に怒るくらい。

外国の選手と接していると、育ってきた文化が違うこともあり、いろいろな面で驚かされる。改めて自分を知ることになるし、既成概念が打ち破られたりする。多様性を学んで、人としての懐の深さが出てきたような気がする。

日本人で代表的な選手を挙げるとするならば、やはりキンちゃん（大野均《ひとし》）や（立川剛士《ごうし》）さんだろう。二人ともずっとチームを支えてくれている大ベテランだ。若い選手たちは二人を見て、東芝の文化を継承する。僕もそうだった。そして、二人も若かりし頃は、当時の先輩たちから学んできているはずだ。

超一流の選手の普段の生活を見て、感化されていくことが大切だと思う。東芝にはそういった土壌ができているし、僕もなんとかそれを壊さないようにしないといけないなと、いつも気を引き締めている。

あとは、超一流のものに触れることだろうか。

僕は普段から積極的にいろいろな業界の人に会い話を聞いている。様々な本を読み、芸術に触れるようにしている。一流に触れることで、自分の感性を磨ける気がするからだ。できれば、テレビやインターネットではなく、実体験を大切にしたい。

建築、絵画、音楽、文学…。自分が興味あるものであればなんでもいい。そのポジティブなものから、目に見えない部分を取り込めるといい。

僕は建築を観たり、美術館に行ったりするのが好きだ。以前、国立新美術館で開催されたチューリヒ美術館展では、スイスが誇る芸術作品の数々を観て絵画の歴史を学んだ。クレー、マティス、ピカソといった巨匠の作品に情熱を感じ取り、自分を表現するすごさを学んだ気がした。

遠征でスペインに行ったとき、ソフィア王妃芸術センターに展示されているピカソの「ゲルニカ」を観たが、何が素晴らしいのかきちんと理解できなかった。それくらい圧倒された。しばらく立ち尽くすことしかできなかった。すっかり魅了された僕は、スペインに滞在している間、何度も観に行ってしまった。そのインパクトは、そうそう他では得られないものだった。

大人になって、観たり、聞いたり、何かを感じたりすると、それらを生み出した人たちは何を表現しようとしているのかと気になるようになった。その時代に反論するものであったり、新しい世界を生み出そうとするものであったり、人生の苦しさを表現するものであったり…。あるいは、もっと単純に、そのもの本来の素晴らしさを引き出している場合もある。

そうやって思うと、自分の場合はどうなんだろうと考えるようになる。僕はラグビーを通して何がしたいのか。何を表現したいのか…。ラグビーが好きだから続けているのだけども、それだけではいけない気がするのだ。

いま思っているのは、「皆が少しでも前向きになれるといい」ということ。これは、震災があってから思うようになったことだ。

では、皆が前向きになるために、僕はどうすればいいのか。その一つの答えとして、僕は苦しいことから逃げない姿を見せたいと思った。つらい思いをしている人たちが、僕の、僕たちの試合を観ることで、一瞬でもそのことを忘れ、夢中になり、勇気づけられることができればこんなに嬉しいことはない。

人生で大切にしていること

人はなんのために生きるのか。

僕が人生で大切にしていることは、五つある。

一つ目は、地球上にいるすべての人の幸せを願うこと。

こう書くと、大げさだと思われるかもしれない。実際、僕自身はそのことに対して具体的なイメージがあるわけでもないし、何かできるわけでもない。僕にできることは、自分とかかわっている人に対して、笑顔が増えたらいいなと思うことだ。そして、そのために、自分自身がポジティブに生きることを心がけている。自身が楽しく過ごせば、それはきっと周囲にも好影響を与えると思っている。

また、自分が直接かかわれない人たちには、募金を含めた人道支援に積極的に参加する。ラグビーを通してでもいい。東日本大震災の被災者たちへの支援を続けること。ユニクロ

築田純／アフロスポーツ

2011年6月、東日本大震災からの復興を支援するためのチャリティマッチ。トップリーグ選抜のキャプテンに選ばれる

の服を店舗に持っていき再利用してもらうこと、友達が立ち上げたＮＰＯをサポートすることでもよい。

二つ目は、自分の魂を前世のときよりも綺麗にすること。これは、京セラ創業者の稲盛和夫さんが言っていたことに感銘を受けて、意識するようになった。

僕が東芝でキャプテンをしていたとき、チーム内で二度も不祥事が起こった。はじめは「ついてない」と思った。なぜ、自分がキャプテンをしているときにこんなことが起きたのだろう、と自分のツキのなさを呪った。

でも、すぐに自分はとんだ思い違いをしていたことに気付いた。仲間やファン、多くの人の支えのおかげで難局を乗り越えられたとき、人の優しさを実感することができた。

自分の身に起こることをなるべくプラスに捉える。すべては自分のためにあると考え、いま目の前にある壁を乗り越え、さらに高みを目指す。それを繰り返して、違う世界の自分に出会っていきたい。そして、来世ではさらに素晴らしい経験ができるようになりたいと思う。

三つ目は、素晴らしい思い出をたくさんつくること。

例えば、南アフリカ戦をはじめとした日本代表での勝利。多くの仲間とその瞬間を共有できたこと、試合を観ていたファンに幸せを届けられたことは本当に最高だった。ラグビーを辞めておじさんになったとき、僕はいまの仲間と集まっていろいろな話をしたいと思う。きっと、幸せな時間に違いない。

四つ目は、家族で過ごす時間を増やすこと。

子供の寝顔を観たり、公園で遊んだり、皆でご飯を食べる時間は本当にスペシャル。シーズンに入ると、どうしても頭はラグビーでいっぱいになる。代表に選ばれると、1年のうち半年近くは遠征でいない。だから、家族と過ごせる時間を大切にしたいと思っている。

五つ目は、誰も歩んでいない道を切り拓いていくこと。

これまで、そうやって生きてきた中で人には経験できないことを実体験し、様々なことを学んできている。また、多くの素晴らしい人に出会うことができた。特にその現状に満足していなかったからこそ、出会えることが多々あった。そこで、新たに見える世界は刺激的だった。苦労もあったが、人として成長できた。そして、次の世代につなぐことができたと思う。

日々心がけていること

人生で大切にしていることを実現するためには、毎日の小さなことの積み重ねが大切になってくる。そこで僕が日々心がけていることを紹介する。

・感謝の気持ち

僕が毎日を楽しく過ごせているのは、たくさんの人の支えがあってこそだと思う。だから、そのことに感謝しなくてはいけない。そして、たまにでいいので、その気持ちをなんらかの形で伝えるようにする。

・真っ直ぐに生きる
自分の感情を無理に押し殺したりしない。嘘をつかない。例えば、子供に接していると き、面倒だからといって都合のよい嘘をつかない。いずれどこかでバレるときが来る。も しかしたら、そのことで子供が不信感をもつようになるかもしれない。たとえ子供が相手 でも、きちんと向き合って誠実に話す。

・常に全力
生きていれば、自分の思い通りにならないことやあまりやりたくないことをしなくては いけないこともある。それでも全力でやってみたら見えてくること、新しい発見が多い。 だから、とにかくやってみる。やってみないことには何もわからない。そして、中途半端 にやっても理解できないことが多いので、やるときは全力でやる。

・なるべく笑顔
笑顔は人を幸せにする。だから、笑顔。気分が落ち込んでいても顔から元気にする。フイジーやトンガといったアイランダー（太平洋島嶼国）の選手は、皆よく笑う。そのため、彼らはチームにとってよいムードメーカーになるし、チームをポジティブに導いてくれる。僕も彼らを見習って、いつも笑顔でいることを心がけている。そうすると、自分が笑顔でいることで喜んでくれる人がたくさんいることに気付くのだ。

・前向きである

物事は表裏一体である。その人がどう捉えるかによって意味が変わってくる。僕にとってはエディーさんとの関係がいい例だ。リーダーシップグループの一員として、僕は彼が話していること、考えていることをどう捉え、どう皆に伝えていくかについては相当神経を使ってきた。エディーさんは、チームを強くするために相当厳しく振る舞っていた。そのため一時は苦しいときもあったが、自分が成長する糧として捉えることで乗り越えていくことができた。そのあたりは、僕も随分タフになったと思う。

あるいは、怪我なんかもそうだ。ラグビー選手に怪我はつきものだ。練習したくてもできないときがある。そのときに、怪我を恨み、プレーできないことを悔やむのではなく、怪我していない部分を鍛えたり、コンディショニングの勉強をしたりと、怪我をしたからこそ得られるものを探すようにする。

・弱い立場の人を守る

身近なことで言えば、小さな子供連れの人やお年寄り、重い荷物を持っている人をサポートすること。また、障害者でも僕らと同じようにスポーツしている人たちの環境を整えることの手助けをする。いまの日本はまだそういったことへの認知度が低いので、もっともっと知ってもらうために動く。

・実体験を大事にする

人から聞いた話を鵜呑《うの》みにしない。誰かの評価をしないといけない場合でも、他人の話は参考程度にして自分で見たこと、実体験を大事にする。

どれも当たり前で、些細《ささい》なことかもしれない。でも、自分の言葉にして意識していくと、少しずつだけど自分が変わっていくのがわかる。そういう意味では、一度ノートに書いてみるといいかもしれない。

第3章

成長の道のり

―幼少～社会人―

ラグビーを通して成長する

ラグビーのおもしろさは、その多様性にある。

本来、ラグビーはボールを前に運んでいくというシンプルなスポーツだ。両チーム合わせて30人の選手が、どこに飛んでいくかわからない楕円《だえん》形の球を追う。

しかし、プレーしてみると、とても緻密なスポーツだということを実感する。例えば、ポジションの数は10にも上り、その役割も異なってくる。大きな体躯《たいく》をいかして相手にぶつかって前進するフォワード（ＦＷ）、後方から快足を飛ばしてゴールを目指すバックス（ＢＫ）…。

１００ｍ×70ｍのフィールドの中で、プレイヤーは、走る、ぶつかる、パスを出す、ボールを蹴るといった数ある選択肢からベストだと思うものを瞬時に決断していく。その一つひとつのプレーが次のプレーにつながり、試合の展開も変わってくるのである。

そして、それは一人だけの動きだけでどうにかなるものではない。チーム全体が一つになり、連動していなくてはいけない。そのためには、チームの方向性を統一すること、価値観を共有することがとても大切になってくる。

試合に勝つためには、少なくとも全員が同じ絵を描けなければいけない。逆に、一人でも違う絵を描いていたら、そのズレは他の14人に影響し、厳しい戦いを強いられることがある。レベルが拮抗《きっこう》したチーム同士の戦いであれば、そこで差が出てくると言っていい。だから、選手が自分の役割を認識して、それを全うすることに喜びを感じてプレーできるかどうかがカギを握ってくる。

単純だけど、複雑。そこにラグビーの奥深さがある。そして、その奥深さに僕は魅了されてしまった——。

そもそも僕がラグビーを始めたのは5歳のときだ。両親の勧めで、大阪の吹田ラグビースクールに通い始めたのがきっかけである。このとき、いくつかのスクールを見学したが、試合に負けると正座といったところもあった。その中で僕は、一番楽しそうだった吹田のスクールを選んだ。

この頃のラグビーは、どちらかと言うと鬼ごっこやキックベースの延長戦で、とにかくボールを持って走り回っていた。いつも泥んこになりながら、体をぶつけ合っていた。練習後の豚汁やお汁粉が美味しくて、それを目当てに頑張っていた気がする。

小学生の頃は、遊んでばかりいた。平日は、仲のよい友達とサッカーをして、休日に吹田ラグビースクールに行く日々。勉強なんて、ほとんどしなかった。印象に残っているのは、学校の用務員さんにサッカーを教わったこと。ボールの蹴り方やドリブルなどを教わり、毎日暗くなるまで遊んだことは楽しい思い出だ。彼からはもう一つ、辞書を自分でひく楽しさや学ぶことに対する喜びを教わった。

中学は地元の公立校。ラグビー部があったので、迷うことなく入部した。部活とラグビースクール、2つのチームに所属し、文字通りラグビー三昧の毎日を送ることとなった。部には不良も多かったが、話してみると裏表がない素直な奴ばかりで、すぐに仲良くなった。試合は「やられたらやり返す」がモットー。男らしいというか、喧嘩っ早いというか…。中学3年間のラグビー生活は本当に楽しかった。悪ガキ揃いだったが、皆仲間意識が強かったし、変に体育会系なところがないのもよかった。皆で何かを成し遂げようとすることの楽しさを味わえた。

吹田ラグビースクール時代。ボールを持って走る著者。いつも泥だらけになるまで走り回っていた

中学3年のとき、僕にとってはじめてとなるキャプテンを任された。とは言え、キャプテンらしいことは何ひとつできなかった。地域の大会でも仲間のポテンシャルをいかしきれずに、早々に敗退してしまった。

個人的に嬉しかったのは、大阪選抜チームに選ばれたことだ。近畿大会にも出場し、見事優勝することができた。

周囲が進路について考えていた頃、僕も遅れて考え始めた。ラグビーをどれぐらいやりたいのか。勉強についてどうしたいのか。当時の僕は、中学2年の途中から塾に通い始めたおかげか、成績が上がり始め、校内でも上位にいた。

併願する私立の学校はラグビーのことを考え、大阪でも一、二を争う強さを誇っていた大工大を受けることにした。監督の野上先生とは面識があったので、先生の指導を受けたいとも思っていた。

一方、本命となる公立校は、北野高校という地元で一番の進学校を選んだ。北野は学問だけでなく、ラグビーでもかつて花園に出場し、決勝まで進んだことがある。また、北野を目指して努力していた仲間の姿がまぶしく、僕もその輪に加わりたいという思いもあった。祖父が北野高校のOBだったことも影響した。

そこから僕は猛烈に勉強するようになる。部活動の傍ら、自分がよいと思う方法を決めて信じてやりこんだ。勉強を始めた時期が他の人より遅かったので、ダラダラやるのではなく、目標時間を設定して取り組んだ。

例えば、平日は短期集中で学校へ行く前の朝の時間と部活動が終わった夕方の時間だけ勉強する、休日は10時間を目標にして机に向かう、といった感じだ。僕は目標があると一心不乱に頑張れるところがある。目標を達成した喜びを思うと、練習も勉強も苦にならないのだ。

そうやってブレずに続けてきたおかげか、集中力が増し、3年生の秋頃には見込みが半々となり、冬には内申で最高位を取ることができた。

そして迎えた受験当日。受け取った番号は、77番。落ちるわけがないと思った。ただ、僕は相当緊張していたらしい。試験の途中でお腹が痛くなって、保健室に行くはめになった。多分、その学年で一番はじめにお世話になった生徒だったのではないだろうか。無事に合格してよかった。

この頃から、僕の中では「文武両道」という言葉が一つのキーワードになった。ラグビーと勉強を両立させることが、自身を大きく成長させる糧となったのだ。

苦しかった高校日本代表のキャプテン

北野高校ラグビー部は、想像以上にレベルが低くてショックを受けた。同期も7人しかおらず、花園に出場するのはとてもじゃないけど無理だと思った。自分の思い描いていた未来像は入部してすぐに崩れた。

とは言え、個々に見ていくと自分にとって多くのプラスを得ることもあった。例えば、タックルがすごくうまい先輩がいて、僕はその人からタックルのコツを学んだ。また、先生は自分で考えることを尊重してくれていたので、僕はチームがよくなるためにどうすればいいのかをずっと考えることができた。先生や先輩はもちろん、後輩からも助けてもらうことが多かった。

僕らの代は、残念ながら府大会をベスト32で敗退。強くはなかったけれど、互いに刺激し合い、支え合えるチームだった。

北野高校時代。チームをよくするために自分で考えることの重要さ、おもしろさを知ることができた。真ん中が著者

僕自身の成長にとって重要な出来事と言えば、大阪選抜に選ばれたことである。大阪は全国でもトップクラスの強豪がひしめくラグビー激戦区。その代表チームなのだから、優勝して当たり前という雰囲気があった。

当然、システムもしっかりしていて、1年生のときからセレクションが始まっていた。最初は200人くらいの候補者がいて、そこから講習会などを経て少しずつ淘汰《とうた》されていく。僕も1年のときから選ばれていたので、ここでラグビーを教わることが多かった。

3年の秋になっても僕は選抜チームに招集され、レギュラーとしてプレーした。全員がうまいとこんなにも綺麗にボールが運べるのかと、ちょっとした快感を味わう。そしてチームは、熊本で開催された国体で無事優勝した。

僕は北野のラグビー部を引退してからは、大工大の練習に参加させてもらっていた。これは高校入試のときから野上先生と知り合いだったからできたことだ。大工大の選手も、温かく迎えてくれて嬉しかった。練習後の雑談やまかないが懐かしい。もともと僕は人見知りで、そんなに前に出て行くタイプではない。だから、自分が馴染みのないところに身を置いてプレーしたことは、メンタルを鍛えるためにもよい機会だったのだと思う。

さらにもう一つ、僕にとって大きかったのは、高校日本代表に選ばれたことである。しかも、こちらの監督も野上先生だった縁から、キャプテンに任命された。

このときは本当に大変だった。全国から選ばれた選手たちをまとめるというのは、公立の中学や高校とはわけが違った。チームメイトたちは代表に選ばれるだけあって、当然うまく、練習でもプレーでも自分流のやり方をもっていた。

しかし、その各自のこだわりがチームの結束を邪魔したところがあった。僕自身も、チームとしてのゴール設定やそのための準備が甘く、ミーティングでも皆の理解をなかなか得られなかった。僕に対してストレスを感じる選手もいたと思うし、その人たちときちんと話し合うことができなかった。そのため、全員がフラストレーションを溜《た》めることになってしまった。

その結果、海外遠征では僕は蕁麻疹《じんましん》が出て、一時は試合を休もうかと思うほど苦しい体験もした。きっと「キャプテン」に対する自分の覚悟が定まっていなかったのだろう。チームメイトにも随分と迷惑をかけた。

それでも、遠征そのものは楽しかった。皆で泊まり、食事をし、絆を深めることができた。海外という全く新しい環境を肌で感じることができたのもよかった。何より、国を代表して戦う独特の雰囲気を味わうことができたのは、僕にとって大きな財産になった。

文武両道を目指す

高校に入った当初は、皆の勉強のレベルが高くて驚いた。しかし、その環境は僕にとっては新鮮で逆に楽しかった。学校側も、生徒を大人扱いしていて無駄がなかった。ホームルームの時間もなかったし、チャイムが鳴ったら先生が入ってきてすぐに授業が始まるという、確固たるスタイルがあった。これはよい準備をしていることを行動で示す素晴らしい習慣であった。

高校3年間は、ラグビーと勉強の二足のわらじで頑張り続けた。

3年の初夏、進路選択のとき、僕はどうするか考えた。もちろん、ラグビーを続けるつもりだったので、チームに魅力があるところに行きたいと思っていた。

最初に声をかけてくれたのは同志社大学。試験なしで入学できるという話だった。監督をされていた岡（仁詩《ひとし》）先生に惹かれていたこともあり、同志社でラグビーをしてみたいと思っていたのだが、母親から行くなら受験するようにと言われて断ってしまった。

もう一つ、気になっていたのは慶應大学だ。当時の慶應ラグビー部は100周年を控え、それに向けて強化している最中だった（翌年の大学選手権で慶應は見事優勝を果たし、100周年に華を添えた）。溌剌《はつらつ》とした勢いのあるラグビー部の様子は、僕にはとても魅力的に映り、「自分もこのチームでプレーしてみたい」と思うようになっていた。

調べてみると、北野高校からは慶應大学理工学部に指定校推薦枠が一つあることがわかった。ただしこのとき、慶應を志望している生徒がもう一人いて、その人を次のテストで抜かなければ推薦を取れないということだった。

目標が決まった。再び、僕の猛勉強が始まる。ラグビーの練習が終わると、僕はすぐに帰宅して机に向かった。毎朝、学校が始まる前に勉強し、電車の中でも参考書を開いた。ひたすら勉強し続けた甲斐もあり、テストで好成績を収めることができた。一発逆転で推薦を勝ち取ることができたのだ。

ちなみに、僕は昔から算数・数学が好きだった。図形の面積を求める問題で、補助線などを引いて解法を見つけたりすると、「おっ！」と思ったものだ。論理立てて解いていくと必ず正答が待っている。それを見つけ出すことにおもしろさを見いだしていた。その影響もあって、学生時代はずっと理系だった。

大学では音楽に興味があったので、弦の振動の様子を調べたりしていた。機械工学科を専攻し、架線とパンタグラフにおける離線現象を減少させるための基礎的な研究が卒論テーマであった。このときの卒論をいま説明しろと言われると難しい。当時でも明確に説明できなかっただろう。結局、本質を理解していなかったのかもしれない。いずれにせよ、ラグビーでは代表に選ばれながら勉強も本気で取り組むことは、有意義だったし充実していた。また、自分らしさの象徴であった。

大学時代の失敗から得たこと

慶應大学でのラグビー生活は充実していた。新しい場所、新しい仲間——。

入学当初は、慶應独特の雰囲気に馴染めなかった。付属の中・高校から上がってきた人たちはいわゆる慶應ボーイで、大阪からやって来た僕から見ると、大人びてスマートに見えた。都会に気後れしてしまっていたのだ。

でも、だからこそ、ラグビーでは絶対に負けないという反骨心が生まれたとも言える。

結局、ラグビーを通して僕は少しずつ慶應に馴染み、お互いを認め合うことができた。

前年に日本一になっていたチームは、レベルが高かった。自陣からどんどんアタックしていくスタイルは、オーストラリアのブランビーズのような感じでプレーしていてとても楽しかった。

当時のコーチは、マットさん（林雅人）という方で、理路整然とした話をする一方で、情熱ももち合わせた素晴らしい人だった。僕はこのチームで、感覚ではないセオリーを学ぶことができた。

2年目になると、チームはコーチ主導から選手主体に移行し始めた。キャプテンだったゴリさん（野澤武史）は、カリスマ性があってチームを牽引してくれる人だった。彼の追い込み方は、本当にすごかった。その姿に、僕は慶應の歴史を感じたし、キャプテンとしての覚悟を見た。ゴリさんは幼稚舎から慶應だったので、僕よりもはるかに大きなものを背負っていたと思う。

ゴリさんは常に論理的で、言葉の使い方が抜群にうまかった。例えば、彼は目的を「幸福の最大化」、目標を「日本一」ときちんと使い分けて話す。僕からすると、目的と目標の違いについてすら考えたこともなかったので、聞いていてとても納得したことを覚えている。語彙も発想も豊富で、話していて全然飽きない人だった。

3年生のときのキャプテンは、水江（文人）さん。僕と同じ関西の出身で、優しいお兄さんタイプの人だ。ゴリさんとは違い、皆で支えたいと思わせるキャプテンだった。

この頃になると僕は、自分が4年生になったときのことを考え始めていた。選手主体というのは、自分たちで考えなければいけないということ。僕としてももっと何かを仕掛けたい思いに駆られていたので、月に一度3年生全員が集まって現状について話し合う機会をもった。来シーズンへの意識はもちろんあったが、それよりもここで挙がってきた問題点を4年生に伝えることで、チームをもっとよくしたいと思ったのである。

4年生になってキャプテンに任命されたとき、僕は前年までに積み重ねてきたことをいかそうと思っていた。

しかしそれは、思っていた以上に大変だった。慶應ラグビー部は総勢120名。全員が一緒に練習するわけではなく、チームはシニア、ジュニア、コルツと大きく三つに分かれるのだが、それでもこれだけの人数をまとめ上げるのは至難の業だった。特に皆のモチベ

慶應大学時代。4年生のときはキャプテンも務めるが怪我もあってよい成績を残すことができなかった

ーションを高めるという意味では、なかなかうまくいかなかった。大学生のラグビーに対する考え方、情熱は様々だ。特に、ジュニアやコルツのメンバーは「強くなりたい」「勝ちたい」という熱量が少なかった。

そして、そんな彼らに対して僕は何もできなかった。当時の僕はあまり言葉で引っ張るタイプではなかった。一人の人間として個を尊重していたので、皆を大人扱いしていたところがあった。逆に言うと、彼らに対して僕は冷たかったのだと思う。彼らをきちんとチームに巻き込むことができなかったのだ。

いま思うと、もっとうまく権限委譲することができたのにと思う。彼らに居場所をつくったり、チームを好きになる仕掛けをしたり、各チームのリーダーともっとうまく連携できたと思うと、自分のリーダーとしての方法論が未熟だったことが悔やまれる。いち選手としても、僕は夏合宿の最後で怪我をしてチームを離れてしまった。その影響もあってか、最後のシーズンはよい成績を残すことはできなかった。大学日本一を目標に掲げていたので、余計に寂しいシーズンとなってしまった。皆には申し訳ない。

それでも、自分たちで考えて取り組んできたことは、社会人になってから随分いかすことができた。特に組織をどう運営していくかについては、いまに大きく役立っている。

家族から受けた影響

当たり前だけど、子供が親から受ける影響は大きい。

僕の家は母親が中心で、父親から何か言われたという記憶はほとんどない。母親は昔から僕を一人の人間として接してくれた。子供だったけれど、子供扱いしなかった。僕が何か意見すると、それをいったん受け入れた上で自分の考えを話してくれた。頭ごなしに否定することはなかった。

例えば、母に連れられて行ったコンサートの帰り。その日の演奏について僕なりの意見を言うと、母は必ずそのことを認めてくれた。所詮、子供の意見だから、正しくないこともあったと思うけど、母は否定することはせず、きちんと受け入れてくれた上で自分の意見を言ってくれた。

母が僕の自尊心を認め、居心地のよい空間をつくってくれたおかげで、僕は比較的早く自立することができたように思う。自分の言うことに対して怖さがなくなったし、自分に自信がもてるようになった。

このことは、僕の考え方の軸をつくっているし、ラグビーのプレースタイルにも大きく影響している。人生においても、自分がどうしていきたいのかを自分で考えるという習慣をもつことができたと思っている。

子供の頃は、よくクラシックのコンサートに連れて行ってもらった。大抵が夜の開催だったので僕はしょっちゅう寝ていたが、演奏家が奏でる楽器のハーモニーがとても心地よかったことはいまでも覚えている。

それぞれが違う楽器で違う音が出ているのに、絶妙に合わさっている。子供ながらに不思議だと思った。そして、それを演出している指揮者に憧れを抱いたものだ。

クラシックはいまでもたまに聴く。美しいメロディの流れに身を任せていると、心身が落ち着く。日々の喧噪《けんそう》を忘れることができる、貴重な時間だと思う。

母は、自宅でピアノの先生をしていた。僕が学校から帰ると、いつも生徒が練習している音が聞こえた。僕はその音を聴きながら、漫画を読んだりしていた。居心地がよかった。

僕自身はピアノではなく、バイオリンを習った。

当時は、バイオリンを持っている姿を見られるのがとても恥ずかしかった。子供ながら男らしくないと思っていたのだろう。いま思うと情けない話である。

バイオリンは一向に上達しなかったが、大人になったいまの方が好きかもしれない。たまに実家に帰ると必ずバイオリンを手にする。この前は、娘がピアノで一緒に童謡を演奏した。

自宅でのレッスンだけでなく、コンサートホールを借りて小さな発表会も開いていた。自分の好きなことをして楽しむ母の姿は格好良く、僕はとても尊敬している。

母親には学業面でもお世話になった。高校受験の際、直接勉強を教わることはなかったが、各教科のファイルをまとめてくれたり、ドリルの採点をしてもらったり、塾の送迎を請け負ってくれたりした。食事の時間や寝る時間のスケジューリングなどを含め、僕が勉強に集中しやすい環境を整えてくれたことは、本当に感謝している。

一方、父親はあまりとやかく言う人ではなく、教育方針は基本的に母親に任せていたのだと思う。幼い頃は、よく公園で弟とラグビーをして遊んでもらった。たまに僕の言動が酷いと怒られたが、それ以外では優しい父親だった。

父は体育の教師だったので、スポーツ面でいろいろとアドバイスしてくれた。帰宅も普通のサラリーマンよりも早かったので、毎晩家族4人で夕食を囲むことができた。その時間は、いま思うとスペシャルだった。

親の愛情を改めて認識したのは、やはり大学進学で上京したときだ。親元を離れてはじめて、いままで当たり前だったことがそうでなかったことに気付いた。食事があること、話し相手がいること、日々をともに過ごせること…。本当にありがたいと思った。

もう一人、僕にとって欠かせない存在なのが弟の康二。子供の頃はよく喧嘩した。いっぱい泣かせたし、そのことでよく親から怒られたものだ。

僕が上京したあと、康二も追いかけるようにやって来た。東京での二人暮らしは、とても楽しかった。二人で海外旅行に行ったことはいまでもいい思い出だ。

康二は大学卒業後、食品会社を経てシェフを志した。その後、フランスにて1年間の修業をして、現在はビストロハッチ（東京都武蔵野市）でメインシェフとして活躍している。先日も食事に行くと、楽しそうにメニューを説明する姿を見て僕自身も勇気づけられた。これからも互いに刺激し合っていきたい。

弟の康二と。シェフとして頑張っている。彼からはいつも刺激をもらっている

ラグビーで勝負する

大学を卒業したら、僕は大学院に進学しようと考えていた。昔から研究のように物事を深く理解することが好きだったし、進学を目指す友人が多かったこともある。それに社会人になってラグビーを続ける気はなかった。

考えが変わったのは引退試合のときだ。相手の関東学院が素晴らしいチームで、開始数分で彼らには勝てないと悟った。プレーどうこうではなく、そのチームが醸し出す雰囲気がとてもよかったのだ。

僕はいままで何をやってきたのかと思った。キャプテンまで務めておきながら、何もしてこなかった。僕はラグビーをやり切った感覚が得られなかったのだ。

関東学院と対戦して以降、僕は次元の違う世界があることを知った。そして、できれば僕もそこでプレーしたいと思うようになった。ラグビーを続けることを考えたのは、それからである。

東芝ブレイブルーパスというチームを最初に意識したのは、大学3年生のときだ。ジャパンA代表の海外遠征で剛士さんと一緒になった。はじめて出会った東芝の選手。剛士さんは、日本に帰ってからも食事に連れて行ってくれた。言葉ではない優しさが男らしくて格好良かった。

東芝はチームとしてとても雰囲気がよかった。4年生になって合同練習させてもらったときにそのことを感じた。だから、当時の監督だった薫田さんから声をかけてもらったときに、ここでお世話になれば楽しいだろうと思っていた。

もう一つ付け加えると、これまで慶應から東芝に入った選手がいなかったことも大きかった。誰もやっていないことをやる。僕の人生の軸の一つだ。

僕としてはダラダラと続けるつもりはなかったので、薫田さんには「4年間だけでもいいですか」とお願いした記憶がある。それが、いまでは12年になるのだから、人生はわからないものだ。

ラグビーを続けるかどうか、相当悩んだあとだったので、東芝でやると決めたときは気持ちが引き締まった。一人の選手としての覚悟も生まれた。

社会人の自分に立ちはだかった壁

東芝に入るとすぐに最初の壁が立ちはだかった。

それまでは、自分のプレーに自信があった。学生時代はずっとレギュラーを張ってきたし、代表でもプレーしてきた。トップリーグと言えども問題ないと思っていた。

でも、その考えは甘かった。トップリーグは思っていた以上にレベルが高かった。1年目の最初は、一つひとつのプレーが追いついておらず、自分でも何がしたいのかよくわからないほどだった。同じポジションの先輩と同じようなプレーをしても、僕だけうまくいかない。理由すらわからなかった。

悩みながらの日々。

いま思えば、当然である。当時の僕はスキルだけでなく、コミュニケーションも足りていなかった。ただ一人、なぜ自分のプレーがうまくいかないのかを悶々《もんもん》と考え込んでいた。

それでも、僕は僕なりのトレーニングを続けた。自分のよさを引き出すことを考えた結果、昔から強かった体幹をさらに強くするために、バランスボールなどを使ったトレーニングに励んだ。

諦めず粘り強く続けた成果は、2年目に現れた。薫田監督が、僕を開幕戦に起用してくれたのだ。チームの将来を考えた上でのことだったと思うが嬉しかった。

開幕戦の相手は神戸製鋼コベルコスティーラーズだった。チームはなんとか勝利を収めたが、僕自身のプレーはあまり期待に応えられたものではなかった。監督から「お前のパフォーマンスは何点や？」と問われたとき、「50点…」としか答えられなかった。

開幕戦後も数々の失敗を繰り返してきたけれど、僕は怪我以外でメンバーを外されることはなかった。監督の期待を裏切らないために、僕は必死でプレーし続け、チームメイトからも信頼を勝ち取ることができた。

レギュラーでプレーし続けることができたのは、自分なりに考え、試行錯誤を重ねながら、よいルーティンを築けるようになったことが一つの要因だと思う。さらに、皆より少しだけ多くトレーニングを重ねた。それは決して特別なことではない。

昔は、フィジカルが足りなかったのでストレングス（体力づくり）に重点を置いていたし、いまは柔軟性と体の使い方を大切にしたルーティンを続けている。

ルーティンは大事である。僕は、そのときになりたい自分に合わせてルーティンを変えてきた。もちろん、すぐに結果が出るわけではない。でも、一日の積み重ねは確実に自分を成長させてくれる。そして、数カ月もすると、少しずつ差が生まれてくる。地道に続けられるかどうか。質の高いルーティンは本当に大事である。

たまに勘違いして、ルーティンがただの慣れになってしまうときがある。このときの僕は大抵謙虚とはほど遠いところにいる。だから、すぐに自分を戒め、ルーティンも変えていく。

ルーティンをつくるコツは、まず身近で小さな目標を明確にしていくといいと思う。いまできることを考え、それをやろうと決めた自分を信じる。余計なことは考えない。そうすれば、続けることができる。

壁は、自分を信じて地道に続けていると、いつの間にか乗り越えていることがある。あるいは、誰かに助けられていることもある。乗り越えてから振り返ってみると、その壁は案外高くなかった、ということも多い。

乗り越える ―東芝キャプテン時代―

僕にとって最も大きかった壁は、東芝のキャプテンになって2年目に訪れた。その年の末から立て続けに起こった二度の不祥事である。

これは壁というよりもチームにとっても僕の人生にとっても最大の正念場と言ってもいいかもしれない出来事だった。これほどしんどい思いをしたのは、後にも先にもこのときだけ、と思わせるくらい僕は追い詰められていた。

2008年の秋から冬にかけて、チームは絶好調だった。前年に不甲斐ない成績に終わった僕たちは、その借りを返すべくトップリーグで勝ち続けていた。僕自身、キャプテン2年目として捲土重来を期していたので、相当気合が入っていた。

チームが一丸になりつつあった矢先、事件は起きた。一度目は、選手とタクシー運転手とのトラブル。僕はそのことをチームメイトからの電話で知った。青天の霹靂《へきれき》だった。僕は川崎で食事をしていたが、すぐに府中の工場に戻った。このときはただ選手を信じるほかなかった。しかし、願いは虚しく、彼はチームを去ることになった。

企業チームは会社の顔だ。だから、不祥事を起こすということは、会社のイメージを著しく損なうことになる。それこそ、会社の顔に泥を塗ることになる。

もしかしたら、ラグビーができなくなるかもしれないと思った。だから、会社から「次はない」と注意されたときは、まだラグビーを続けられるという安堵《あんど》感と、気を引き締めなければという緊張感で胸が苦しくなった。

チームでも皆と話し合った。ラグビーができることに感謝して、自分たちが世の中であるべき存在ということをわかってもらえるように頑張ることを誓った。

事件が起きて最初の試合、東芝ファンは変わらず応援に来てくれた。嬉しかったし、勇気づけられた。試合も圧勝した。ここからもう一度仕切り直しだと思った。

それだけに、二度目の事件が起きたときは、さすがに心が折れそうになった。それは、決勝を数日後に控えた夜に起こった。別の選手が、ドーピング検査で陽性反応が出たというものだった。

連絡を受けたときの気持ちは、いまでも忘れられない。すべてが終わったと思った。ドーピング違反をした選手を信じたいという思い、多くの人に迷惑をかけてしまったという思い、そしてチームへの思い…。様々な思いが交錯した。

二度目の事件は悪質なドーピングということもあり、記者会見が開かれることになった。会社の人、瀬川（智広）監督と僕も同席した。会議室には大勢の記者が集まり、異様な雰囲気で会見が始まった。くたくたになって帰宅してテレビをつけると、僕が頭を下げているシーンが流れていた。

世間からは厳しい声、バッシングも受けた。とても決勝に出られる環境ではなかった。監督と部長は謹慎となり、選手たちも3日間自宅待機となった。

それでも会社は僕たちを守ってくれた。ドーピングについては、予備で採取された方の結果が確定するまでは試合に出られるように取り計らってくれた。会社にとっては、苦渋の決断だったと思う。ファンも僕たちを温かくサポートしてくれた。周囲の助けが、僕たちを決勝の舞台に立たせてくれた。本当にありがたいと思った。

会社から練習再開の許可が下り、皆で集まったその日、僕はキャプテンとして話をすることになった。

いままでの僕は、いろいろなことを気にしながら話すことが多かった。でも、その日は何も考えなかった。自分の中から湧いてくる言葉を素直に出した。

これまで東芝ラグビー部に支えられ、たくさんの素晴らしい経験をさせてもらったこと。その部が、最大のピンチを迎えていること。部を守るには、自分たちが最高の試合をして勝つしかないこと。

夢中で話した。ほとんど泣いていた。だからなのか、このときの言葉は、いままでで一番皆に伝わったと思う。

自分をさらけ出すこと。覚悟を決めること。そして、言葉の力を信じること……。

この瞬間、確かにチームが団結する感覚があった。チームのために、ファンのために、そしてラグビーのために、僕たちは本当の大義を得たように思う。

それから、僕たちは練習を再開した。練習の内容はほとんど覚えていない。ただ、練習前にチームメイトのベイツィーが僕のところに来て、「お前にコントロールできないことは考えても仕方がない。だから、お前ができることをいま一生懸命やればいい」と言ってくれたことはハッキリと覚えている。

本当にそうだと思った。彼の言葉に心から感謝した。

そして迎えた2009年2月8日、マイクロソフトカップの決勝。

ラグビー・トップリーグの頂点を決める、大事な一戦が行われた。相手はこれまで何度も鎬《しのぎ》を削ってきた強豪・三洋電機ワイルドナイツ（現・パナソニック）だった。

決勝の試合前、後援会長が部の存続を約束してくれた。僕は少し安堵した。グラウンドに出る。スタンドを見回すと、たくさんの東芝ファンが駆けつけてくれていた。二度も裏切ったにもかかわらず、こうして応援してくれる…。めちゃくちゃ嬉しかった。

僕はバックスタンドに走っていき、ファンの皆さんに頭を下げた。東芝のファンだけでなく、三洋電機のファンからも励ましの言葉をもらった。皆の期待を裏切った僕たちに対して、温かい言葉をかけてくれる相手チームのファン。

僕は、ラグビーというスポーツに携わることができて、本当に幸せだと思った。この人たちのためにも、いい試合をしたいと思った。

僕たちは前半から攻め続けた。ブレイクダウンでも絶対に負けないという強い気持ちで皆が臨んでいた。全員が圧倒的な集中力を発揮していた。背水の陣で臨んだ試合だったが、とても楽しかった。最後はまだ終わってほしくないと思ったほどだ。

スコアは17対6。僕たちの完勝だった。

優勝が決まった瞬間、僕は拳を空へと突き上げた。

試合を終え、ファンへの挨拶。皆のおかげで優勝することができた。いままで、いろいろなことで感謝をしてきたけど、本当の感謝をわかっていなかった。

これだけつらい時期を支えてくれたこと、いつもと変わらず接してくれたこと…。これほどありがたいと思ったことはない。そして、自分がこのチームのキャプテンでよかったと心から思った。監督と部長は謹慎中で寮の食堂でのＴＶ観戦だったが、抱き合って泣いたらしい。

チームの危機を乗り越えられたのは、支えてくれた人たちのおかげであると同時に、やはり日々の積み重ねもあると思う。いままでの東芝ラグビーが培ってきた文化があったからだろう。

このときの経験は僕にとってもチームにとっても大きな宝物となった。大義の大切さ、自分の言葉で伝えることの重要性などは、日本代表でも大いに役立てることができた。

アフロスポーツ

2009年マイクロソフトカップ決勝。三洋電機を17対6で降す。優勝の瞬間、喜びで両拳を突き上げる

最高の瞬間を分かち合うために

翌シーズン。僕は瀬川監督のためにもう一度優勝したいと強く思った。前シーズンで心残りだったのは、瀬川監督を胴上げできなかったこと。だから、次のシーズンでは堂々と監督と優勝を分かち合いたかった。

しかし、ここで新たな悩みが出てくる。事件後、僕たちはチーム一丸となって極限までの集中力で試合をこなし、優勝することができた。それは、緊急事態だったからこその異常なテンションだった。そのため、シーズンが終わって皆が冷静になってみると、再び同じ集中力を発揮するのが難しくなってしまったのだ。

チームとしては例年と同じコンディション、同じペースで練習していても、何か物足りなさが残ってしまう。最初の方はチーム内の練習がかみ合わず、うまくいかないことが多かった。それだけ、前年度の環境が異常だったとも言えた。

しかし、あれほどのテンションはそうそう再現できるものではない。だから、しばらくはずっと違和感のようなものがあった。これは多くの選手がもっていたと思う。

シーズンが始まってもそれは変わらなかった。そして、年末のサントリーサンゴリアスとの試合で完敗したことをきっかけに、僕は皆の前でチームのもっていき方について間違っていたことを謝罪した。それは、過去のチームを追わないことだった。そして、もう一度チームをつくり直したい、皆と一緒に改めて気持ちをつくっていきたいと話した。

それをきっかけにチームは再び強い団結を取り戻すことができた。リーグ戦は3位に終わったが、プレーオフで勝ち進み、決勝の舞台に上がることができた。

決勝の相手は、再び三洋電機。

今度は瀬川監督が一緒にいる。必ずもう一度優勝して、表舞台で監督を胴上げする。皆で喜びを爆発させる。皆の思いは一つだった。他のチームにはつくることのできない、揺るぎない大義が僕たちにはあった。

6対0という守り切っての優勝。メンタルの充実を表していた。

優勝の瞬間、皆の笑顔がはじけ飛んだ。最高のひとときだった。

2連覇して、ようやく僕は心から安堵することができた。僕にとってとてつもなく長く苦しいストーリーがようやく完結した。

改めて思うと、東芝の選手たちは本当に粋である。誰かのために体をぶつけ合うことを喜ぶ。それが男にとって、とても格好良いことを知っているのだ。

だから、僕はただ皆を信じるだけでよかった。こんなに素晴らしいチームでキャプテンを務めることができて、僕は本当に幸せだったと思う。

未来への引き継ぎ

2014年の東芝での僕は、主に新しいキャプテンをサポートしながらチームに貢献していたが、とても楽しかった。特に同じポジションのタモ（森田佳寿《よしかず》）がキャプテンをやっているので、そのおかげで頑張れる。

彼は本当にいい男だ。そんな彼が、ずっと怪我をしていて、苦しんでいるのを見るのはつらい。そろそろ治ったと思った頃に練習で再発して、また苦しむ。変わってあげたいと思うことが何度もあるくらいだ。

そういったときには、僕は自分のできることを頑張ろうと思う。もういいかなと思う瞬間が僕くらいの年齢になるとあって当然だが、そのときにモチベーションをもらえることは本当にありがたいことだ。

いままでたくさんもらってきたので、恩返ししないといけない。その方法は、様々ある。試合で体を張ること。これは、まだまだできていない。チームがうまくいくように裏からサポートしていくこと。こっちは、まずまず。

とは言え、日本代表のテストマッチの刺激に比べると、トップリーグの試合は刺激に満ちているわけではない。たまに、物足りなく感じることもある。

人はやはり強い刺激を一度受けると、もっと強い刺激を求めてしまうのだろう。モチベーションの維持としては、そこがとても難しい。

モチベーションが上がらなければ結果としてチームに迷惑がかかる。そんな状態でチームにいたいとは思わない。そうならないようにするために、まずは謙虚さを取り戻すことが大切だ。

客観的に見れば、贅沢な悩みなんだろうと思う。でも、本人にはつらい。そこで、僕はもう一度、小さな目標をつくることとした。そこを明確にすることで、よいパフォーマンスができた。

小さなことを積み重ねていけば、無心の境地に行けるかもしれない。自然とその状況を楽しみ、一喜一憂できるときが来れば、ジョンさん（松田努）ぐらいの年齢（42歳）まではプレーすることが可能かもしれない。

一緒にプレーする中で、東芝ラグビー部にとって大事なこと、人として生きていく上で大事なことを次の世代につないでいきたい。ずっと東芝ラグビー部が強いチームでいられるように。

第4章

日本代表で学んだこと

—エディージャパンの4年間—

日本代表のキャプテンになる

僕のラグビー人生にとって、絶対に切り離せない物語がある。それが、日本代表での4年間だ。2012年に招集されてから、2015年のワールドカップまで、僕はすべてをこの代表のために尽くしてきた。

そこで、ここでは僕の代表での活動に焦点を当てて書いていきたいと思う。日本代表を通して、僕が何を得て何を感じてきたのか。それらをすべて書いていきたい。

2011—12年のシーズン、東芝は日本選手権の準決勝で敗れ、オフに入った。3月、僕はチームの本拠地近くの分倍河原駅の近くのカフェで、ある人とお茶をすることになった。その人の名は、エディー・ジョーンズ。世界的な名将で後に日本代表のヘッドコーチになる人だった（現・イングランド代表ヘッドコーチ）。当時彼はサントリーの監督で、2日後に決勝戦を控えていた。

エディーさんからは、シーズン中から飲みに行こうと誘われていたが、なかなかその機会が訪れないままだった。ようやくエディーさんと話ができると思っていた僕は、この日をとても楽しみにしていた。

彼は4月から、日本代表のヘッドコーチに就任することが決まっていた。そして、僕にはチーム経由で日本代表入りの打診が届いていた。だからある程度、話の内容は予想できていたのだが、彼の口から直接「キャプテンをやってほしい」と言われたときは、本当に光栄だった。即座に受諾の返事をした。

エディーさんとは、昔から親交があったわけではない。大学時代に何度か指導を受けたことはあったが、社会人になってからはライバルのサントリーの監督という認識でしかなかった。深く話をするきっかけとなったのは、2011年の6月。東日本大震災のチャリティマッチとして行われた日本代表対トップリーグ選抜からだ。このとき、トップリーグ選抜の監督をエディーさんが務め、僕をキャプテンに指名してくれたのだ。

恐らく、エディーさんは次の日本代表を率いることをイメージしていたと思う。そう考えると、あの頃は代表のキャプテンとなり得る人材を探していた段階だったのかもしれない。そして、その候補の一人として僕がいた。ライバルチームの監督として僕のプレーやリーダーシップを見ていたエディーさんは、実際にどれほどのものかトップリーグ選抜で試したのだと思う。

当時の僕はふくらはぎを痛めていて試合に出られるかは微妙だったのだが、とにかく参加することにした。チャリティマッチと言えど、相手は日本代表。中途半端なチーム体制で戦うわけにはいかない。そこで試合前に2泊3日の合宿を行うことになった。

合宿にはジョージ・グレーガンをはじめ、素晴らしいメンバーが集まっていた。グレーガンは元オーストラリア代表で、キャップ数139は世界最多（当時）で、誰もが認める超一流の選手だった。彼は合宿中ずっと、とても落ち着いていた。一見静かなようで、でも闘志は漲《みなぎ》っている。常に自然体なのだが一切の隙がない。一緒に過ごしているだけでも勉強になった。

合宿はとても楽しかった。エディーさんはチームプレーを優先する選手を集めてくれたので、人間的にも付き合いやすく、とてもやりやすかった。練習も皆積極的に取り組んでくれたおかげで、短期間で素晴らしいチームになった。このまま1カ月くらい一緒にいれば、ものすごいチームになったのではないかと思う。

試合は残念ながら負けてしまったが、個人的にはたくさんのよい刺激をもらった。そしてこの合宿で、エディーさんとの距離が一気に近くなった。以降もエディーさんとは、夏の合宿などで一緒になったときに試合を見たり、いろいろな話をした。

そういった経緯もあって、彼は僕を日本代表のキャプテンに任命してくれたのだと思う。直接聞いたわけではないが、僕を選んだ理由としてチームのコンセプトを理解し、浸透させることができるとある新聞の記事で読んだ。

プレッシャーは想像以上だったが、それよりも大きな喜びが待ち受けていたし、実際、刺激的な毎日を過ごすことになった。

充実したキャプテン時代 —2012年—

日本代表のキャプテンを務めた2年間は、とても充実していた。

最初の合宿は、静岡県の掛川での5日間。初日はミーティングだけだったが、とてつもない緊張感があった。夜は、懇親会を兼ねてバーベキューを開いた。お酒を酌み交わしながら談笑。皆とはすぐに打ち解けた。

翌日からは、本格的な練習が始まった。エディーさんが組んだ練習メニューは、本当にきつかった。これまでこなしてきた中でも一番ハードだったかもしれない。これほど一日が長いと思ったことはないくらいだ。

エディージャパンの朝は早い。6時頃に集合して、最初の練習が始まる。ローイングやバイクなどの有酸素系のトレーニング、朝食を挟んだ午前中はウエイトトレーニングとユニット（FWとBKに分かれての練習）で身体をいじめ抜く。そして、午後はチーム練習なのだが、とにかく走る…。たったの5日間ではあったが、これまでのどの5日間よりも濃い内容だった。

キャプテンとしては、常にエディーさんが考えていることを読んで、チームが違う方向に行かないように気を遣った。監督の考えに寄り添うことは、東芝のキャプテン時代からやっていたことだったので、それほど大変ではなかった。それに、実際に僕が行動したことはあまり多くなかった。というのも、彼の求めるスタイルは、選手たちが得意としていること、強みの部分をいかすことだったからだ。

彼は具体的な数字や映像を使って、僕たちがどうすればいいのかをわかりやすく説明してくれるので、皆が納得することができたし、練習に取り組むことができた。だから僕は、監督からの一方通行にならないように、選手主体で進められるところはそうできるように心がけた。

エディージャパンの初陣は、2012年の春。アジア五カ国対抗戦で、相手はカザフスタンだった。かなり緊張したが、代表歴の長いザワさんがうまくチームの雰囲気を和らげてくれた。ザワさんは、「緊張するのは当たり前。でも、自分たちがやってきたことを信じればいい。そのために、よい準備が大切」と話してくれた。

例えば、オリンピックリフト（重量挙げ）をベストの80％まで上げることができればコンディションはまずまず…など、僕らが感覚的に捉えていたことをハッキリさせてくれる。そういう意味では、試合までに自分が何をすればいいのか、何ができるようになればいいのかがわかり、努力しやすくなったと思う。

アジア五カ国対抗戦はその後、ＵＡＥ、韓国、香港と戦い、いずれも完勝。無事に優勝することができた。香港戦の前はホテルが狭く、息苦しくて眠れない日もあった。おかげで閉所や窓が開かないところが少し苦手になってしまった。

続いて、環太平洋の国々だけで行うＩＲＢ（現・ワールドラグビー）パシフィック・ネーションズカップが始まった。フィジー、サモア、トンガと強豪国との試合。フィジー戦ではいままでにないコンタクトの衝撃を受けた。強烈なタックル。何度も脳が揺れた。トンガ、サモア戦も相手のフィジカルがとても強かった。

この頃の印象的な思い出は、フレンチ・バーバリアンズ（フランスの選抜チーム）との試合後の記者会見。バーバリアンズに完敗したことでエディーさんは激怒した。チームのパフォーマンスを酷評した。

会見はその後僕の番になったのだが、特に話すこともなかったのでつい苦笑いしてしまった。すると、その姿を見たエディーさんは、再び烈火のごとく怒り出した。本人は馬鹿にされていると思ったのだろう。全く他意はなかったのだが……。

こうして代表1年目の春が終わった。僕の人生の中で最も目まぐるしい春だった。

秋にはヨーロッパ遠征が待っていた。まずはパリ。時差ぼけの中、ハードな練習を繰り返す。練習の合間にフェンシングの体験をした。礼を大事にしていて、剣道に似通っているところを感じた。海外でその土地のスポーツを経験することは、とても有意義だ。その国の色を肌で感じ取ることができるから。

パリでは、スクラムコーチとしてフランス人のマルク・ダルマゾが加わった。彼はとてもシャイで、自分から話しかけてくることがない。いつもすぐにバスに乗り込み、挨拶をしても頷くのみ。誰とも話をしなかった。

あとでわかったことだが、彼は皆から好かれていないと思っていたらしい。メンタルコーチの荒木（香織）さんとの話をきっかけに誤解が解け、いまでは皆と話をするようになった。話してみると、とても優しいナイスガイだとわかった。

パリ合宿の次は、ルーマニアの首都ブカレストへと向かった。こうしていろいろな国に行けるのは日本代表ならではである。

ホテル周辺には、野犬が徘徊《はいかい》していて少し怖かった。メディカル担当のハチさん（井澤秀典）から狂犬病の話を聞いていたのでなおさらだ。ただ、それ以外は風光明媚な町並みを楽しんだり、いい思い出ばかりが残っている。

翌日は、ルーマニア代表とのテストマッチに向けた練習と記者会見があった。相手のナンバーエイトとヘッドコーチに挨拶する。二人ともとてつもない巨漢だったので、一緒に並ぶと僕とエディーさんはとても小さく見えた。

試合はというと、相手の巨躯に負けることなく必死に戦った。スクラムやラインアウトは本当に強力だったが、自分たちのスタイルを貫き通した。前半終了間際にトライを取ると、さらに自信をもって戦うことができ、その勢いのまま勝利することができた。

これは日本ラグビー界にとって、はじめてのヨーロッパでの勝利となった。僕たちは新しい歴史をつくれたことで喜びを爆発させた。とても気持ちよかった。

ルーマニアの次は、グルジア（現・ジョージア）。西アジアに位置する国でトルコに隣接している。ルーマニアに続いてのアウェイの試合。会場の雰囲気は独特で、警護する警察官は数百人体制である。

観客の声援はすさまじく、僕らをすぐに飲み込んでしまう。キックオフから圧倒される。相手のスクラム、モールは強烈で、観客の声に後押しされてかどんどん押し込まれる。逆に僕たちが優勢に立つと、ものすごいブーイングが飛んでくる。

はじめは、どうやったら勝てるのかと思ったが、粘り強く守り続けることでなんとか打開する道が開けた。僕たちの攻撃も相手に通用することがわかり、ゲームを落ち着かせることができた。

一進一退の攻防。終盤まで同点の状態が続き、迎えたラストプレー。僕たちは自陣から大事にボールをつないで、最後はコス（小野晃征《こうせい》）のドロップゴールで試合を決めた。劇的な勝利だった。最高の気分。海外の試合で勝つ味は格別だった。

遠征の最後は再びフランス。ル・アーブルという地でフレンチ・バーバリアンズと再戦してシーズンを終えた。

最後の試合が終わったあと、安堵のせいか、体中から力が抜けるのを感じた。自分がものすごいプレッシャーの中で戦っていたことを思い知らされた。

ウェールズに勝つ ―2013年―

日本代表の1年目のテーマは、フィットネスだった。そのため、最初の合宿では有酸素トレーニングが多くて本当にきつかった。

2013年、2年目のテーマは、ストレングスだった。これはパワーはもちろん、スピード、バランスなどフィジカルを総合的に鍛えることである。

エディーさんからは、2年目もキャプテンをやってほしいと言われた。僕はそのつもりだったので、本当に嬉しかった。

ただ、僕自身はアジア対抗戦でハムストリング（太腿裏側）の肉離れを起こしてしまい、春の大事な時期にチームを離れることになった。

代表チームはアジア対抗戦で優勝したのち、パシフィック・ネーションズカップに入った。トンガ、フィジーと立て続けに敗れ、嫌な雰囲気でウェールズとのテストマッチを迎えることになった。

ウェールズは、当時世界ランク5位のラグビー大国だった。日本がこれまで何度もぶつかっては跳ね返されてきたワールドクラスの壁。でも、ここを乗り越えない限り日本が前に進めないことは、皆がわかっていた。

第1戦は6月8日、大阪・近鉄花園ラグビー場で行われた。当初、僕はこの試合に復帰する予定だったのだが、再発のリスクを考えて見合わせた。

花園の雰囲気は素晴らしかった。2万人を超える大観客。溢れんばかりの熱気。ラグビー選手として、このピッチに立てなかったのは本当に残念だった。

試合は大熱戦だった。日本は堂々と立ち向かい、前半はリードして終えることができた。後半になって逆転を許し負けてしまったが、勝負の差は紙一重だったと思う。

僕たちは大いに悔しがった。第2戦は絶対に勝たなくてはいけないと思った。ファンの大声援は、ずっと頭の中でこだましていた。すごいパワーをもらった。必ず恩返しすると誓った。

続く第2戦は一週間後の6月15日、東京・秩父宮ラグビー場で行われた。

いよいよ僕の復帰第一戦となる。試合前、僕は勝つと思っていた。友人に今日は何かが起こりそうな気がするとメールを送った。試合前のストレッチで僕自身のコンディションはよいことがわかり、高いパフォーマンスが期待できた。

花園に負けないくらいの大観衆が、僕たちにエールを送ってくれた。天候も味方してくれた。最初は曇っていたのが、いつの間にか晴れていた。すべての条件が整っている気がした。

試合は、第1戦同様、日本が先制する。相手はどんどん攻め込んでくるが、僕たちはなんとか踏ん張る。我慢に我慢を重ね、必死にリードを守る。後半に入ってまた逆転のトライを許すが、すぐにトライを取り返し再逆転。そこから僕たちは得点を重ね続けてリードを広げた。終盤にトライを奪ったとき、相手選手が膝に手をついているのを見て勝ちを確信。23対8。見事な勝利を収めることができた。

いままでの人生の中で最高の瞬間の一つ。多くのラグビーファンと一緒に勝利を分かち合えたという幸せは、一生忘れないだろう。

選手、コーチ、ファン、皆が一丸となって手にした勝利だった。個人的には、第1戦の花園で2万人が集まったことが大きいと思っている。このとき関西ラグビー協会の坂田好弘会長が、各チームにテストマッチの日は試合をしないように呼びかけてくれた。そういった周囲のサポートのおかげで、「勝つ空気」をつくり上げられたのだと思う。

秋に入った。トップリーグのシーズンが始まったある日、職場で仕事をしていたときに電話がかかってきた。相手は、代表チームディレクターの稲垣純一さん。

エディーさんが倒れたという。

衝撃を受けた。緊張で全身が強張った。詳細はわからなかったが、エディーさんには休養を取ってもらい、秋の遠征は帯同しないこととなった。

YUTAKA／アフロスポーツ

2013年6月15日。秩父宮ラグビー場でウェールズに歴史的勝利を挙げる。試合後、エディーヘッドコーチを喜びを分かち合う

ただ、遠征の第1戦目は、オールブラックスだった。世界最強のニュージーランド代表。このチームをエディーさんなしで戦うのは、あまりに心細かった。エディーさんは、僕たちのプレーの善し悪しをきちんと判断してくれる。だから、練習で彼がいないと判断基準がわからず大変だった。

試合は6対54で完敗。日本代表はノートライだった。試合内容よりもオールブラックスと戦うことのプレッシャーで疲れた。

僕たちはその後、スコットランドへ移動した。エディンバラの競技場で、当時世界ランキング9位のスコットランド代表と戦った。相手の力強いスクラムに押されて立て続けに失点したものの、味方のターンオーバーなどで後半途中に1点差まで追い詰めた。しかし、終盤に突き放されて、終わってみると25点差まで広げられていた。

スコットランド代表はうまさはなかったが、自分たちのプレーに誇りをもっており、何より粘り強かった。なんというか、歴史を感じた。それは、試合中だけではなく、試合会場や観客の声援、全体の雰囲気などでも感じられた。国歌斉唱も美しく、最初は伴奏が入っていたのに、途中からなくなり最後はアカペラで歌っていた。

試合後、アフターマッチファンクションとして互いの健闘をたたえるパーティが開かれたのだが、そこでのホスピタリティにも感動。人々のラグビーへの愛が深く、格好良かった。日本がこの域に達するには、まだまだ時間がかかる。でも、追い続けていきたい。

エディンバラは寒かったが、とても美しい街だった。石畳の通りも石造りの建物も歴史を感じさせた。圧巻だったのはエディンバラ城。そのまま中世に迷い込んでしまったかと思うほど。遠征では、イングランドのグロスターからウェールズを経て、スペインに入った。2年目もとても充実した時間を過ごすことができた。

本当に素晴らしい仲間に囲まれて、その中でキャプテンを務めさせてもらったことは、僕の人生の中でも最高の経験となった。

試練の3年目 ―2014年―

2014年、エディージャパンの2年目を終えたある日、僕は代表のキャプテンを外れることになった。理由は明快。スタメンとして常時出場できる可能性が低くなったからだ。

エディーさんとしても苦渋の決断だったと思う。キャプテンを外すと告げたときの彼はどこかよそよそしく、いつもの快活な姿はなかった。

そのときの光景は、いまでも脳裏に焼きついている。それだけ僕にとってはショックな出来事だったからだ。2年間、僕はほぼ代表のためだけに生きてきた。だから、心の中にぽっかり穴が空いた感じがした。

キャプテンは外れたけれど、新しいキャプテンをサポートするという役割を受けて、代表には招集された。

春の代表合宿。正直に言えば、あまり行きたくなかった。行っても自分の居場所がなく、どうしたらよいかわからなかった。

選手としても難しい時期に来ていた。本来、日本代表に選ばれるときは、トップリーグでの活躍が認められてのものだ。だから、選手も自信をもってやってくる。でも、今回僕が選ばれたのは、ここ数年慣れ親しんできたウイングではなく、スタンドオフとしてだった。そういう意味では、トップリーグでの働きが評価されたわけではなかった。

スタンドオフで自分がどこまでやれるのか、あまり自信がなかったこともあって、合宿が始まった当初はいろいろなことを考えすぎてしまい、心身ともにきつかった。実際、途中で体調を崩してしまい、一度リタイアするはめになったほどだ。

再合流したとき、僕はいままで背負ってきた、とても大きなものを思った。日本代表のキャプテンというポジション――。

僕はチームのことを思って行動することに喜びを感じていたので、自分のためだけの練習や生活をするということにうまく馴染めなかった。チームを離れることも考えた。現在の状態でチームにいても、いい影響を与えられないと思ったからだ。メンタルコーチや先輩とも話し合った。この先、チームのために自分に何ができるのか、たくさん考えた。

結果的に、僕は残る決断をした。これは、僕がさらに成長するための新たな糧だと思い直したからだ。どんな状況に置かれていても力を出せて、チームや組織に貢献できるようになりたいと思った。

そこからもう一度、僕は居場所を見つけ出せた気がする。努力できるようになった。なんとかリザーブに入り、合宿を終えることができた。

秋の遠征。ファーストチョイスでなくなった僕は、マオリとの2連戦でメンバーから外れた。メンバー外の選手の気持ちがよくわかった。いままでわかっていたつもりだったが、体験すると全然違う。試合に出て活躍するために来ているのに、その場所がない。これは本当につらいことだ。

でも、その中でも自分にできることは必ずある。僕は試合に出ているときと同じように、入念な準備をした。強く、ブレない人間でありたいと思った。そのためには、常に全力で頑張るしかない。

3戦目に怪我人が出たこともあって、チャンスが回ってきた。いままでの21キャップのうち、スタンドオフでのメンバー入りは2回だけ。リザーブながら、とても緊張した。これも体験した人にしかわからないと思うと、いい経験だと思った。……試合は結局、ウイングでの出場だった。

こうして、日本代表での3年目を終えた。いろいろな経験をさせてもらった。おかげで、選手としても人間としても成長している自分を感じる。でも、まだまだ途中だ。この先にもっと成長した自分が待っていると思うと、より頑張れるのだ。

日本代表は、ワールドカップで過去24年間一度も勝っていない。エディーさんがいつも言っているが、勝つためにはいままでの自分から何かを変えないといけない。いままでの日本ラグビーの常識や考えを改めて見直さないといけない。ゲームプランだけでなく、練習方法も大きく変わってきたから、ここまで結果が出た。

例えば、日本代表にはヘッドスタートと言われる朝練がある。これは、相手が寝ている時間にも進化しようということだ。他にも練習時間は短いが、その分試合よりも強度を上げた状態で行う。具体的な数値を挙げると、試合で走る平均距離は毎分約80mだが、練習ではそれを110mくらいまで上げて走る。本当にしんどいが、でも、そのおかげで試合のアンダープレッシャーでもよいプレーができるようになった。

これからは、ワールドカップでベスト8に入るために、まだまだレベルを上げる必要があった。春の合宿までには、選手は所属するチームに戻る。だから、個人でレベルを上げていくことが大切だ。

でも、代表のときに普通に意識できていたことが、チームに戻るといつの間にかできなくなることがある。本質を理解できていないから修正できないケース。もっと言えば、ただイージーな方に流されてしまうのだ。

エディーさんが求めることは、チャレンジしていくところなので、ノーストレスでは臨めない。だから、気が付くと意識が弱くなってしまうのだろう。

僕の場合は、真っ直ぐ走ることが課題であるが、いつの間にか敵のプレッシャーに負けたり、流れる方が簡単にパスを放れるので流れてしまう。そこを強く意識して変えていかないといけなかった。

いきなり劇的にうまくいくことはないが、少しずつ絶対にうまくなると思ってチャレンジしていく。チームが求めるプレーとは違うからといって、そこを言い訳にしていると成長にはつながらない。もう一段階、自分のスキルとメンタルを上げて、春の合流を迎えたいと思った。

そして、ワールドカップへ――2015年――

2015年を迎えた元旦、僕はスターバックスでコーヒーを飲みながらふと思った。ラグビーをするのは今年で最後になるかもしれない、と。

自分の中で一区切りの年を迎えてしまっていたのだ。

そう思うと、本当に寂しくなった。

5歳から始めたラグビー。最初は、嫌で嫌で仕方なかったのに、いつの間にか大好きになっていて、多くの時間をラグビーに費やしていた。

その選手としての時間が終わりを迎えようとしている。

いつか終わることはわかってはいたが、これまではどうも現実的ではなかった。でも、このときははじめてリアルに感じた。


4年目。いよいよワールドカップの年。

この年の僕の立場は、3年目同様キャプテンのマイケルを支えるリーダーシップグループの一員である。グラウンド内よりもグラウンド外での仕事が増えた。

日本代表選手を代表して、様々なミーティングをすることが大きな仕事の一つだった。協会と選手の契約の見直しなど、様々な雑事に追われた。

さらに、今年度のラグビー界は、もう一つ大きな転換期を迎えていた。スーパーラグビー（南半球のチームが参加する国際大会）の参入である。当初、チームのディレクターにはエディーさんが就任していた。しかし、いろいろな要因で物事がスムーズに行かず、皆が不安になる状況が続いていた。そんな中、僕たちは少しでも事が進むように、ＩＲＰＡ

（国際ラグビー選手協会）に助言を求めたりすることで、選手の契約をよりよくしていくことができた。

とは言え、この作業は僕にとっては本当に大変だった。いろいろな立場の人に配慮して、意見を取り入れようとすると、どうしても面倒が起こるからだ。おかげで僕にとっての4年目の春から夏にかけてはあまりいい思い出がない。特に6月の過酷な訓練は心身ともにきつかった。

7月。パシフィック・ネーションズカップの合宿が始まり、僕たちはワールドカップ本番に向けて動き出した。カナダ戦では久しぶりに、グラウンドに立つことができた。自分でもなかなかいいプレーができたと思ったし、仲間からもよかったと褒めてもらえたことはとても嬉しかった。大好きな仲間と一緒にラグビーをするのは楽しいと改めて思った。

一方でチームはその後3連敗を喫した。そこで、僕とマイケル、荒木さんの3人でミーティングを開いた。

内容は、マイケルのリーダーシップについて。彼の特徴はプレーで皆を引っ張っていくスタイルだ。逆に、あまり話をすることを好いていない。でも、それでは皆に自分の気持ちや考えを伝え切れず、浸透させることができない恐れがある。だから、できるだけ自分の考えを言葉でも発信していこうということを話し合った。マイケルも納得して、少しずつ自分から発言していくことを約束してくれた。

チームは、そのあとで行われた世界選抜にも敗れて4連敗となったが、マイケルの考えが共有され始めてきたのか、チームの雰囲気は悪くなかった。

そこで、今度はゴローを交えて再びミーティングを開いた。このときは、チーム全体の問題を把握し、選手全員の居場所をきちんと確保してあげることを話し合った。それは、1年目のときから大事にしていたことを改めて見直していく感じであった。

居場所をつくる、「場」を設ける、認めてあげる……。この積み重ねを大事にしていく。今年はそれに加えてワールドカップがある。この独特な雰囲気がチームを、僕たちをさらに醸成させてくれるのだと思う。チームの伸びしろはまだまだある。どこまでのチームになるのか楽しみだと思った。

8月になって、エディーさんが日本のスーパーラグビーには関与しないと言った。その後、彼が南アフリカのストーマーズと契約したことが発表された。エディーさんはワールドカップを最後に日本を去ることがはっきりした。

エディーさんは、間違いなく日本を強くしてくれた人である。日本が世界ランキング10

位以内に入ったこともウェールズに勝ったこともエディーさんの功績である。そのことに僕はとても感謝している。

だから、ワールドカップではきちんと結果を出してエディーさんを送り出したいと思った。今年は、自主性というテーマがある中で、自分たちからいろいろなことを仕掛けてここまで来られた。数々の衝突にも勝ち、自分たちが大事にしていくべきものを守り高みにもっていき、さらにハードワークをしてきた。皆、本当にタフになっていた。

9月。ジョージア戦が終わってから、マイケルと簡単なミーティングをした。彼の言葉は、僕の中には随分入ってきやすくなった。彼自身も素直に自分の気持ちを話せるようになってきたという。よい傾向にある。

僕たちの成長は必ずワールドカップでの結果につながると信じていた。目標であるベスト8に入りたいと思った。

——ここから先の記述については、当時の日記をそのまま紹介したいと思う。僕自身が思っていたことを正直に書きたいからだ。

《9月1日（火）》

ついに、ワールドカップのスコッドに入った。

東京でのウルグアイ第2戦のメンバー外を告げられた直後に、ワールドカップのスコッドに選ばれることを言われた。

メンバー外の悔しさと、話が急に変わったのであまり実感がなかった。ミーティングが終わってから部屋に戻って、ふーっと大きなため息を吐いた。

キャプテンでなくなってからの2年間は、もういいかと思って、諦めたこともなかったわけではない。

エディーさんからはずっとお前をワールドカップに連れて行きたいが、このままでは当落線上にいると言われてきた。だから、本当に不安定な気持ちの中、自分がやるべきことを定め、努力してきた。

その成果が実った。いままでの人生の中でも難しい課題だったと思う。

自分の努力が正しいかどうかもわからなかったが、個人としては最大の目標であったメンバー入りを果たすことができた。

本当によく頑張ったと思う。自分が誇らしい。


壮行会や家族との短い時間を過ごして、イングランドへ向かっている。あと3週間で大会が始まる。いままでの人生で一番大きなイベント。街の盛り上がり、人々の様子、すべての雰囲気を楽しみたい。

そして、このチームでよいラグビーをして、世界のファンに喜んでもらえることを成し遂げたい。こんなチャンスはもう二度とない。

これまでくじけそうなときに、支えてくれた仲間、家族、すべての人に感謝。感謝に恩返しすることが、いい男だと思う。自分のすべてをこのチームに捧げるようにしたい。

《9月5日（土）》
ジョージア戦直前。今回もメンバーに入れず。エディーさんからは、「それでもお前からプロジェクトが始まったから、頑張ろう」と言われる。改めて自分がなかなか試合に出られない現状を把握。

正直、試合に出られないことは、いち選手としてきつい。でも、今回のツアーが終わるまでは、このことは胸にしまって皆を盛り上げていこうと思う。そうすれば、必ず成長できるはずだ。

今日の試合をどうやって自分自身が観れるか。素直に応援して、勝ってほしいと思える領域までいけるか。

いけると思う。これからは、すべての試合を勝ちにいく。自分たちの夢を叶えるために。自分たちの試合をして、勝って歴史を変えて、日本のファンとともに喜び、日本ラグビーを変えたい。その権利を有している僕たちはとても幸せだ。


メンバー外のフィットネスも久々に息が上がった。きつかった。自分のためにも皆のためにもよい準備をして、いつ出番が来てもいいようにしておくこと。こちらもブレずに精一杯やって、チームの底上げや皆のやる気を上げることにつなげたい。

ジョージア戦、最後の得点チャンスでは、素直にトライを取ってほしいと思えた。実行してくれての勝利。テストマッチでの勝利はやはり格別で、試合が終わったあとも気持ちがよかった。

いよいよ、ワールドカップまで2週間前になる。

ワールドカップ10日前からのことは、「はじめに」で書いた通り。南アフリカ戦は、手に汗握る激戦で本当に興奮した。以下、日記から抜粋。

南アフリカ戦。日本は最初から果敢に攻めた。自分たちができることがわかって、最高のスタートとなった。そこからゲームプランもハマっていく。

逆に南アフリカは、最初からリズムに乗れない。モールのトライからリードしていくがなんとなくよさが出ない。

その流れもあって、日本優位で動いていく。観客はその雰囲気に敏感で、ラグビーを観に来たファンが日本を応援し始めた。日本のよいプレーには大きな歓声が生まれる。また、必死で食らいつく日本をさらにサポートしてくれる。

そして、途中からショットを狙い出した南アにブーイング。一時は、7点差に開くも、完璧なトライで追いつく。そして、3点差で最後のチャンスを得る。

残り3分ほど。このとき僕は、勝つと思った。

会場のボルテージが一気に上がる。すさまじいジャパンコール。その流れで、最後に逆転トライ。

勝った瞬間に跳び上がった。

ついに成し遂げた。最高の瞬間だった。

皆と抱き合う。涙する。

このためにやってきた。いろいろな苦労も吹っ飛んだ。

帰りのバス。

ウッチー（内田啓介）のツイートを見た。「日本代表誇り」。涙が止まらなかった。

4年間ずっとワールドカップに出るために本当に頑張ってきて、最後の最後にメンバーから外れた。その選手がそういったツイートをしてくれた。

カッキー（垣永真之介）のツイートも。号泣。堪《たま》らん。

一緒に頑張ってきた仲間が喜んでくれる勝利。勝った瞬間より嬉しかった。ホテルに着いたら、ホテルのスタッフから拍手で迎えられる。一気にまわりの環境が変わったことを思った。

その日は、興奮してなかなか寝つけなかった。

《9月20日（日）》

南アフリカ戦翌日。

試合に勝ったあとから環境が変わったことを感じていたが、外に出ると本当にすごかった。海辺でのリカバリーに行けば、皆から祝福される。車に乗っている人は、クラクションを鳴らしてたたえてくれる。ジョギング中の人は、通り過ぎても戻ってきて握手を求めてくる。

報道陣の数は数倍になった。また、ブライトンカレッジでは、１２００名の生徒がお祝いのセレモニーを開いてくれた。新聞を見てもＳＮＳを見ても、自分たちの記事だらけになっていた。僕たちが成し遂げたことは想像以上であった。

日本にいる家族からもすごいことになっていると言われた。子供たちが日本代表になりたいと言ってくれる。まさしく、自分たちがリーダーミーティングで話し合った日本代表の目的「憧れの存在」になりたいと言ったことが実現されつつある。

諦めないこと、そして、正しく努力することの偉大さを知った。必ずしも結果が出るとは限らない。それでも、この方法以外に何かを変えたり、成し遂げることはないのだろうと思う。

僕らには幸い一つの結果が出た。ラッキーだ。こうなったら、日本では大々的に報道してもらえる。フィーバーが来つつある。この流れを大事にしていかなくてはならない。

協会も次の手を打つだろう。勝負に出るはずだ。一方で自分たちは次のスコットランド戦に向けて、よい準備をする。

次だって勝てる保証はない。彼らはもともと日本より強い。どれだけ自分たちがブレずにチャレンジできるか。先制攻撃できるか。

南アとスコットランドの試合間隔は中3日。ラグビーをするには、ギリギリでできる日数である。メンタル、フィジカル面でもかなりタフにならないといけない。

いろいろなことが試される試合。でも、いままでも中3日の試合を経験してきた。このあたりのエディーさんのマネジメントはすごい。でも、何よりもこの素晴らしい舞台で、自分たちの力を試せる機会なんてない。

本当に幸せなこと。出る選手はそのことを十分に楽しんでほしい。メンバー外の僕は、その頑張りを目の前で観ることが楽しみだ。

《9月23日（水）》

スコットランド戦を振り返って。

南アフリカ戦に勝って、大きく環境が変わった。また、中3日という本当にタイトなスケジュールで心身ともにきつかった。

前半から小さなミスが続く。リロードが少し遅い。判断がよくない。そういったことで、難しいゲームとなった。

最後は、疲れも出て負けてしまった。ベスト8に向けては痛い敗戦となった。

二つ難しいことがあった。一つ目は、メンタル面の動揺。

とにかくＳＮＳや日本のテレビを観ると日本代表のことばかり。こういったことは一度も体験したことがなかった。当然だ。これまで成し遂げることができなかったことを皆で成し遂げたのだから。

2年前にウェールズに勝ったときもすごい反応があった。でも、ワールドカップで南アに勝った影響は予想の範囲を超えていた。

とてつもなく大きなことを成し遂げたあとは、本当に難しい。頭ではわかっていても、なかなかコントロールできることではなかったと思う。それらを踏まえた上で戦ったのは、想像以上に大変だった。

二つ目は、準備。南アに対しては本当に長い間準備してきた。でも、スコットランド戦については3日間しかなかった。当然、スタッフは長い準備期間を経てきたが、選手たちが準備する期間は3日しかなかった。

そんな中、選手はよく戦ったと思う。だから、いい試合になった。

もう一つ感じたこと。スコットランドのファン。

歴史を感じさせてくれる。選手を誇りに思う気持ち。培ってきたものを感じる。日本代表もようやく芽生えてきた、目に見えないそういったものを大事にしていきたい。

《9月24日（木）》

華やかだったリゾート地であるブライトンからウオリックにベースキャンプ地を移動。田舎の綺麗な街だ。ラグビーに集中するにはよい環境である。

もう一度、自分たちを見つめ直して、できることに対して集中していく。サモア戦に向けてよい準備をする。

自分自身は、サモアの分析。自分が出るときにはどういったチャンスがあるのかを考えながら。南アとサモアの試合を観ると、後半は相手も疲れてボールを動かすチャンスが出てくる。楽しみだ。全般的には、南アがうまく戦っていた。サモアのよさを出さないように戦う。特にラインアウトでプレッシャーをかける。結果、サモアは6点しか得点できなかった。

もう一つ。チームの状態を探る。皆がどういった言動を取るのか。コーチはどうか。いずれにせよ、サモア戦に向けて興味深い一週間となる。日本に帰るときに、どういった表情で帰れるかは、この試合にかかっている。

そして、僕らが憧れの存在になれるかどうかもこの試合にかかっている。

やるしかない！

《9月27日（日）》

火曜日に、メンバー外であることが告げられた。

大体の雰囲気はわかっているのだが、少しの期待を抱いてエディーさんとの1on1ミーティングに行く。チームのサポートは素晴らしい。このまま引き続き取り組んでほしいと言われる。通訳のヒデさん（佐藤秀典）の声が耳をすり抜けながら、エディーさんの話を聞く。

話が終わって握手。部屋を出るまでは、情けない顔をしていると思う。でも、その部屋を出れば、普通の顔に戻す。出られないのは自分が悪い。

客観的に見れば、試合に出るための準備は粛々と進めている。でも、それ以上がないのかもしれない。何か強烈に訴えるものがない。

自分のこのポジションに満足してるのかな…。この部分は自分でもわからない。ここは、荒木さんにでも聞いてみよう。

《10月2日（金）》

サモア戦前日。

この一週間は、チームもようやく普通に戻った。波はありながらもよい準備ができているると思う。3試合目が準備も含めてタフになると言われている中で、現段階では、順調に来ていると思う。

特に、昨日の練習ではメンバー外のパフォーマンスがよかった。試合に出られない選手のパフォーマンスがよいときは、チームへのロイヤリティの高さを表す。いい雰囲気で試合に臨めると思う。

あとは、選手を信じるだけ。この試合に勝つかどうかで日本ラグビーがまた飛躍するかどうかが決まる。また、もし負けてもどれだけ人々を勇気づけられるか。スポーツの一番の価値はそこにある。

僕自身は、なかなかメンバーに入れないまま、リーグ戦は残り最後のチャンスとなってしまう。自分自身は、いいメンタルでいい準備をしていると思う。

この状態を続けて待ち続けるしかない。

そして、チームがもっとよくなるように動く。

《10月3日（土）》

サモア戦直後。

宿舎に帰るバスの中。スタッフはほとんど疲れて寝ている。タフなスティーブ（・ボーズヴィック）は次への分析を始めている。

今日は快勝だった。自分たちの強みを出しながら、ゲームをコントロール。ディフェンスでは、一発で取られることなく粘った。

自分たちがよいスタートを切れたこともあるが、4年間の底力を見た。積み重ねてきた歴史が違った。その積み重ねてきたものが、本物を築いてきたことを証明できた。

勢いもあって、勝った南ア戦とはまた違った嬉しさ。喜びは格別だ。

その中でも、一番印象に残ったのはキンちゃん。

相手を追いかけているときに、太腿の肉離れを起こした。交代したかったが、レフリーとのコミュニケーションが取れずにそのままプレー続行。片足を引きずりながら、ひたすらブレイクダウンに入る。

フミ（田中史朗《ふみあき》）を守る。そして、最後にアキ（山田章仁）のトライにつながった。キンちゃんが動くのを諦めて外に出ていたらこのトライはなかった。

このチームへのロイヤリティ。自分自身へのプライド。本当に格好良かった。この人は、何があっても裏切ることはない。

そういった人がグラウンドに立っていることをメンバー外の僕らは知っている。だから、全員が勝利を喜べる。

このチームはスペシャル。そういったチームを皆でつくってこれた。本当に最高。涙が出る。

他のチームの状況次第ではあるが、恐らくこのチームでの試合は残り1試合。もう一度すべてを出し切って、よい準備をしてアメリカ戦を迎えたい。そして、自分たちの一番の目的である、日本ラグビーを変えて、憧れの存在になり、ラグビーを誇らしく思ってほしいと思う。

最高の人生。

誰か、このストーリーを映画にしませんか？と思う（笑）。

《10月7日（水）》

アメリカ戦のゲームウィーク。

中7日のため、約2日間の休みがあった。

この時期になると、帰ってからゆっくりする時間もなくなるので、オフになっても外に出掛けることが少なくなった。

ゆっくり本を読む。コーヒーを飲んでいろいろな話をする。昼寝。その合間に日本に帰ってから、協会と話し合うための準備をする。

もう一つ。今日、メンバー発表があった。

その日の朝の練習で、メンバーに入っていないことはわかった。だから、エディーさんに言われた瞬間はなんとも思わなかった。

でも、ミーティングでのメンバー発表のときに、「二人だけこのワールドカップに来て、出場できていない選手がいる。彼らは献身的で素晴らしい」という話があり、全員の拍手があった。

このときはつらかった。僕らのことは構わないでほしかった。その後、皆でご飯を食べに出掛けるためバスに乗る。このときも少し独りになりたい気分であった。恐らく最後のチャンスがなくなった。寂しかった。メディア等でいろいろなことは言うけれど、本当に出たかった。でも、仕方がない。

あと少し、チームのためにやるだけ。

この日記をクラシックを聴きながら書いている。久々のクラシックはいい。カラヤンのチャイコフスキー。思わず指揮者の気分になり指が動く。小学生の頃、母親が家でクラシックを聴いたり、家にピアノを習いに来ていた人のことを思い出した。

あの頃はまさか、ここまでラグビーを続け、世界を驚かせるチームの一員になるとは夢にも思わなかった。普通の子供がここまで来たのだ。

これまで自分の進む道を信じて努力して切り拓いてきた。感慨深かった。

そして、33歳となったいま。もうすぐラグビーができる年齢も終わる。次の楽しみを。

そして、いつか皆に訪れる死について考える。死ぬことなんて、ほとんど考えたことはなかった。

いずれにせよ、楽しい毎日を積み重ねるだけかな。

《10月10日（土）》

アメリカ戦、前々日。

もしかしたら、最後のゲームトレーニング。身体が硬くなっていて、最初はキックがうまく蹴れなかった。

また、いつもはメンバー外になっても、次のチャンスが間違いなくあった。でも、次のチャンスがあるか否かは、サモア対スコットランド戦の結果次第で決まる。普通に考えればサモアは勝てないだろう。だから、次のチャンスが現実的でない。

結局、1試合も出られなかった。つらさが込み上げてくる。あの場所に立って、ラグビーがしたかった。その喜びを味わいたかった。とても寂しかった。

午後は、レガシープログラム。子供たちの試合を観た。小さい頃の自分を思い出した。自分たちの試合を代表選手が見に来てくれたらとても嬉しい。憧れの存在になっている自分が嬉しかった。

夜は、ユウ（田村優）と敬介さんと1杯だけ飲んだ。いつもそうだが、お前はよくやったと言われると涙が出そうになる。ラフロイグが美味かった。

この味は一生忘れないと思う。本気で取り組んだ自負。出られなかった悔しさ。それを超越する喜びや仲間。改めて幸せなことだ。

コーチのことを相談した。もし、僕がコーチになりたいのなら、どういったルートがよいのか。何を大事にするのか。貴重な話だった。

そして、いま。

次の試合会場であるグロスターに向かう車中。

僕の最後の仕事は、よいゲームリハーサルの手助けをすること。その雰囲気を楽しむこと。そして、サモアがスコットランドに勝ってくれることを祈ること。

ベスト8の世界を見てみたい。

この仲間と少しでも長く一緒に過ごしたい。

ゲームリハーサルのロッカールームでは、プレイヤーによる戦い方の確認ミーティングが行われる。その後、ジャージプレゼンテーション。通常は、初キャップや記念のキャップの人がエディーさんからジャージを渡されてスピーチをする。

今回は、少し違った。

このワールドカップで一度も出ていないユハ（湯原祐希《ひろき》）と僕に対してジャージが渡

された。

突然のことだったので、ビックリした。

スピーチでは、本当は泣きたくなかった。でも、皆の顔を見ていると、いろいろな感情が込み上げてきて少し泣いてしまった。キャプテンのときは皆に随分助けてもらった。そして、そこからまたこうやって皆のおかげで頑張ることができた。

感謝。その想いをグラウンドで発揮できなかった切なさ……。

そこから、ゲームリハーサル。よい集中だった。シャープ、ゲインラインへの仕掛け。よい準備ができたと思う。

あとは、サモア対スコットランドの結果を待つのみ。それによって、メンタルの準備が変わってくる。そこを自分の中で消化して、試合に臨めるかどうか。

サモアとスコットランドの試合は、ゲームリハーサルが終わった頃にスタートした。前半はゲームリハーサルをした試合会場のロッカールームで少しだけ観た。

移動のバスではラジオで戦況が伝えられる。英語を必死に聞く。点の取り合いにざわつく。後半は、コーヒールームで観た。普通にスコットランドが勝つと思っていただけに、サモアの健闘に期待が膨らむ。それでも70分過ぎにスコットランドのグレイグ・レイドローがトライを決めて10点差。

負けが決まった。頭がクラクラした。

ついに明日で終わってしまうのだ。

この想いをどうぶつけたらよいかわからず、とりあえずプールでフィットネスをした。めちゃくちゃきつかったが、おかげで憂鬱な気持ちを少しだけ発散させることができた。その後、ゆっくりサウナとジャグジーに入って落ち着く。現実を受け止める。仕方ない。

夜は、恒例のプレイヤーミーティング。皆で、菊さん、和田拓が協力してくれた映像を観る。よいリラックス。このチームで戦う意味を確認する。そして、キャプテンスピーチ。

マイケルはいい顔をしていた。キャプテンとして自分のスタイルを確立できたことを改めて思った。自然体で自分の思っていることを伝えていく。いいスピーチだった。

やはり勝つチームには、素晴らしいリーダーシップグループと素晴らしいキャプテンが必要である。このチームは、勝つに値するチームだ。

嬉しかった。

ロイター／アフロ

グロスタースタジアムにてアメリカ戦前日のゲームリハーサル。日本代表はこの試合にも勝利し、ワールドカップで3勝1敗の好成績を挙げた。右は日和佐篤選手

僕のできる準備は終わった。あとは、皆を見守りたいと思う。

《10月11日（日）》

アメリカ戦当日。

メンバー外は、ボールゲームと少しウエイトをやって終了。このチームでのトレーニングはもうない。

いまの気持ちは、やることをやってきたのでスッキリしている。この4年間、このチームのために生きてきた。いろいろなことを犠牲にして捧げてきた。

これ以上はできなかった。だから、後悔はない。

最高の時間を過ごせた。

永遠にこのチームに僕が居続ける、つまりエンドレスであれば、ここまでできなかっただろう。限りがあったから、限界の一つ先に挑戦しやすかった。

そして、次へのステップ。また、こうやって皆で努力して、何かを成し遂げることが楽しみだ。

次は何をしようか。今回のワールドカップでは、スポーツの価値を改めて知った。世界の常識を変える喜びを知った。だから、スポーツにはずっと携わっていきたい。子供たちにその喜びを伝えたい。そして、そのためのリーダーシップについて語りたい。

僕自身は、これからも誰も歩んでいない道を生きたい。いろいろな壁にぶち当たりながらも、その都度努力して、いい男になりたい。

そして、その時間を最高の仲間と共有したい。人生はこれからだと思う。さらなる喜びが待ち続けていると信じている。

楽しみで仕方がない。

アメリカ戦直後。

アメリカは、4日前に行われた南アフリカ戦を捨ててまで、日本戦にかけてきていた。彼らにとってはベストパフォーマンスを出してきたと思う。日本は、前日の試合でスコットランドがサモアに勝ったので、ベスト8に行けないことが判明して、少し難しいチーム状態であった。

それでも、4年間の集大成を出すことと自分たちがコントロールできることをやりきろうと一週間準備してきた。その準備がよかったので、前半からトライが取れた。完璧にゲームプランがはまった南ア、サモア戦のようにいかなくても自分たちで修正しながら勝利できた。

この勝ちは、改めて自分たちの底力を証明することとなった。

今回の試合は、その前の2試合の興奮というよりも安堵の方が大きかったと思う。それは、勝って当たり前の雰囲気があったからだ。やはり、チャレンジャーであるアメリカの方が、メンタル面では簡単にもっていけることを思った。

インタビューではゴローが泣いて、グラウンドではワサ（日和佐篤）が泣いて、最後の円陣ではスタッフも泣いて、本当にこのチームが終わってしまうことを思った。

僕は、このチームで成し遂げたことの大きさを改めて思い、感無量であった。本当に最高だった。

この4年間は、何物にも代え難い時間となった。

ロッカールームではハイネケンを飲みながら、皆で記念撮影をした。普段は絶対にお願いすることはないが、エディーさんとも撮った。今後、自分が指導者もしくはトップになったときに彼のことを思い出すと思う。

自分はあそこまで人に強く当たれない。それくらい、彼の覚悟はすごかった。その強さを忘れないようにしたい。

そして、最後は皆で掃除をしてロッカールームを出た。

《10月12日（月）》

アメリカ戦、翌日。

今日、日本に帰国することになっていた。僕たちは、ムービーをつくってくれた皆にお礼のメッセージを返した。最後にお世話になったバスの前で集合写真を撮った。

普段は、規律にうるさいエディーさんの格好がだらしなかった。単なるおじさんになっていた。誰かがそのことを問うと、「僕の仕事は終わり」と言っていた。なんだか微笑ましかった。

ヒースロー空港までのバス。ここでも僕はお礼のメールを返していた。もう一台のバスでは、最後の飲み会が行われていた。途中寄ったサービスエリアでは、堂々とポテトチップスやハンバーガーを買って食べていた。エディーさんもハンバーガーを食べていた。本当は、カツカレーなどアスリート向きでないものほど好きらしい。皆、楽しそうだった。

飛行機に乗ってから僕も少しお酒を飲んだ。やっと家に帰れる。4年間のジャーニーがついに、本当に終わる。

僕たちにとって最高の結果は出なかったけど、ワールドカップで歴史を塗り替えることができた。

僕自身は、自分の仕事に徹してやり切った。プロフェッショナルであったと思う。だから、スッキリしていた。

そして、次はどんなフィールドで戦おうか楽しみに思った。

《10月14日（水）》

帰国してからのこと。

日本ではラグビーブームが起きている。この流れを大事にしていかないといけない。マーケティングの人に会う。協会の人に会う。いままで、日本代表が結果を残してくれたら、すべてが変わると言っていた。

僕らは、それを成し遂げた。

何も僕たちだけで成し遂げたのではない。だから、お互いに協力してつくっていきたい。どうやってトップリーグを盛り上げるのか。女子ラグビーも大事。ユースのシステム。エディーさんは代表を強くしてくれた。でも、それ以外は無理だと言っていた。

従来通りでは、何も変わらない。新しいチャレンジをしたことでよい結果が出たことを勉強していく。

まずは、正式に選手会をつくる。これは、組合ではない。ラグビー発展のために選手の意見が必ず必要になる。選手会と協会、企業、ときには、協会外の有識者を交えて議論していく。ファンの意見も大事になってくると思う。

ラグビーをどういった位置づけにするのか。ラグビー人はどういった人になってほしいのか。ラグビーが世間にできることは何か。軸を固めて、進んでいけば間違いなくこのスポーツの存在はもっと上に行ける。ラグビーを好きな人は多いのだ。

そういったものをもって、２０１９年、日本でのワールドカップを迎えたい。

僕らが大事にしているものを感じてほしい。

そして、それに感化されたラガーマンたちが、なお一層ラグビーに取り組んでくれて強い日本代表ができれば最高である。

第5章
未来を創る

憧れの存在へ

これからのことを話す前に、4年間リーダーシップグループで話し合ってきたことを述べていく。このことが今後につながっているからだ。

2012年、エディージャパンが発足して1年目の秋、僕たちは京王多摩センターのスターバックスにいた。メンバーは、ゴロー、菊さん、マイケル、そしてメンタルコーチの荒木さんと僕の5人。

このとき、僕たちは日本代表をどうするかについて話し合った。これまでの代表は、文化はあったかもしれないけれど、外部にいた僕たちにはあまりよく伝わっていなかった。ワールドカップが終わる度に一からチームをつくり直していく現状。僕たちはそれを変えたかった。

そこでこれからは、日本代表では「勝つ文化をつくる」ことを標榜《ひょうぼう》しようと決めた。勝つ。そのために、僕たちは毎日の練習を頑張る。小さなことを積み重ねていく。

具体的には、菊さんはバスやロッカーの最後を綺麗にすること、マイケルは外国人選手と日本人選手の接着剤となること、ゴローは練習中は声を出して褒めることなどである。

僕自身は、個人を尊重して失敗してもプレーを認めるような発言や行動を取ることを目標に掲げた。皆に代表を好きになってもらえるように、グラウンド外でも褒めていくことを心がけた。他にも国歌を練習することや、スパイク磨きなど、いろいろなアイデアを取り入れた。

「勝つ文化をつくる」という大きな軸ができたことで、皆がブレずに進むことができたと思う。迷ったときに立ち戻る場所があるというのは心強い。このことが、ルーマニア戦やジョージア戦での勝利につなげられたのだと思う。

2年目の最初も引き続き「勝つ文化」に取り組んだ。テーマがストレングスだったので、ウエイト中においてのカウントやサポート、よかったときの声がけなどを積み重ねる。単純で小さなことだが、少しずつ全員のフィジカルのレベルが上がっていったと思うし、試合での勝利につながっていった。

この年から、バディシステムを始めた。ベテランと若手がペアになったことで、準備や一貫性、練習後の選手同士でのレビューなどの質が上がったし、チーム力も高まった。ウェールズ戦の勝利は、バディの影響が少なからずあったと思う。僕自身、Evernoteを見返してやってきたことを確認することで自信がもてたし、選手自身もお互いの気持ちを確認して高めることができた。その後、カナダ、アメリカにも勝って、春シーズンを終えた。勝ち続ける文化ができつつあった。

2年目の秋は、エディーさんが脳梗塞で倒れていなかったので、それどころではなかった。

3年目。キャプテンがマイケルに変わった。これによって、僕の役割はマイケルのサポートが中心になった。とは言え、特に具体的な何かをするわけではない。

彼は当初、キャプテンを引き受けるかどうかを迷っていた。彼の中には日本代表のキャプテンはやはり日本人でとの思いがあったのだという。また、彼はこれまでにキャプテンとしていい経験をしたことがなかったのだと思う。

相談を受けたとき、僕は迷うことなく引き受けるべきだと伝えた。絶対に、素晴らしい経験になるからと。実際、ワールドカップを終えたいま、キャプテンを引き受けてよかっただろうと尋ねると、笑顔で頷いていた。

マイケルはわりと現実的なことを大事にするキャプテンだった。どちらかと言うと、プレーで引っ張っていく選手で、当時はその姿勢が功を奏した。春シーズンはイタリアにも勝ってテストマッチ10連勝を果したのだ。

しかし、勝ち続けているわりには、チーム内に充実した雰囲気が流れなかった。当初、マイケルには大義といったことがなかなか馴染まなかった。そこで、リーダーミーティングで再度大義について話し合った。そして、日本代表が皆にとって「憧れの存在」になろうと決めた。

子供たちが日本代表を目指してほしい。日本の皆がラグビーを知っていて、応援される存在になりたい。

ゴローが言ったことがいまでも印象的だ。

「勝つことだけを思ってやっていくとワールドカップで勝てなかったときに何も残せな

い。でも、憧れの存在になるためにやっていけば何か残せるのではないか」

その通りだと思った。彼ももともと現実的なことを大事にする選手だったし、いまでもそうである中での発言だった。

そこから、再びその道程が始まった。秋には、ゴローの発言により自分たちの環境を自分たちで変えていき、改めて憧れの存在になろうということになったのだ。


そして、いま。

日本代表は憧れの存在になった。

南アフリカ戦での勝利は最高だった。試合には出られなかったが、これまでのすべての苦労が報われたと思った。

翌日、日本のテレビが一気にラグビーを取り上げたとき、世界が変わったことを知った。子供たちがゴローのキックの真似をし出したのを見たときは、本当に嬉しかった。

自分たちが掲げたことが現実になりつつある。

この文化を日本に根付かせていかなくてはいけない。そういう意味では、ここからが本当に大切なんだと思う。

中西祐介／アフロスポーツ

帰国後の記者会見。自分たちの大義を成し遂げた喜びと応援してくれた人への感謝を語る

憧れの存在であり続けるために

現在の日本代表は、自分たちが掲げた通り、「憧れの存在」になれたと思う。このことは、自分たちだけでなく、各方面から支えられて成し遂げられたものである。本当に感謝している。その人たちがこれからも僕たちをサポートし続けたいと思ってもらえるように、憧れの存在であり「続ける」ことが次に大事になってくる。逆に、現在のままでは、一過性のブームによって終わってしまう可能性が高いと危惧している。

そこで、これからは協会任せにするだけでなく、僕たち選手が一丸となって、社会に貢献しラグビーの価値を継続的に高めていく必要がある。

そのためにこれまでラグビー界には存在しなかった選手会をつくる。自分たちが独立することで、覚悟が生まれる。自主性が養われ主体的に動ける。その上で協会と一緒になってラグビーをよりよいものにしたい。

選手会の第一の目的は、ラグビーの普及。

子供たちに対して、新しくラグビーを好きになってもらえた人やずっと応援してくれていたファンに対してアプローチしていきたい（ラグビーの魅力を伝えるためにトークショーなどのイベントを実施していきたい）。

また、今回の日本代表の勝利によって、ラグビー界での日本人が進むべき道が見えたように感じる。僕たちが何を大事にして戦ってきたのか、どういったスキルが必要なのか。そういったことを発信していくべきだ。

子供たちが、多少の紆余《うよ》曲折はあっても、将来に求められるスキルや考え方の軸を理解して、ラグビーを楽しんでくれるような環境ができたらと思う。ラグビースクールのコーチもジャパンウェイを理解した上で、自分の色をつけてコーチングしていく。そういったシステムをどうにかつくれないかと思う。そのときに、選手会から派遣されたトップリーガーが教えに行ってもいい。夢先生（スポーツのこころプロジェクト）のラグビーバージョンで全国のラグビースクールに行くのもいい。

第二の目的は、環境改善。

現在の日本代表（女子や7人制も含む）は、きちんと選手が守られている契約になっていない。

このことを書くと、お金の話になってしまいがちだが、あくまでそれは一部分にすぎない。保険、家族のサポート、チケット、教育など、改善が必要なポイントは多岐にわたる。その改善にあたり、選手が直接協会と交渉するのは容易なことではない。

特に今シーズンは日本代表の過酷な訓練の最中に、スーパーラグビーの契約について十分な情報が与えられないままに決断（契約）を強いられ、エディーさんと選手の関係に悪影響を及ぼしたこともあった。

これは練習以上につらかった。今後、２０１９年、20年に向けて、前回以上のプレッシャーがかかることは明白だ。だから、彼らがプレーに専念できる環境をつくっていきたいと思う。

また、このことは、将来日本代表になりたいと思い始めてくれた子供たちのためにもなる。彼らが大人になったときに名実ともに素晴らしい環境が整っており、誰しもが目指す日本代表になってほしいと思う。

これは日本代表のみならず、トップリーグにおいても改善点はある。僕自身は社員選手だが、なかにはプロ契約している選手もいる。彼らの環境をサポートしていきたい。仲間を助けること、それはラグビーが大事にしている一つの価値観だと思う。

第三の目的は社会貢献。チャリティーなどを通して弱い立場の人を守りたい。

他にも、病院を訪問して話をすること、東日本大震災を風化させないことなど、選手会でできることを積極的にやっていきたい。

この活動は日本ラグビーをさらに安定的に強くすることにつながる。それは世界のラグビー界が日本に対して望んでいることに合致する、大変意味のあることだと思う。

エディーさんへの想い

日本ラグビーを変えたことに対して、エディーさんの功績はやはり大きい。

エディーさんには、自分が嫌われても勝たせる覚悟があった。だから、選手たちには鬼になってハードワークを課した。1日に4回練習したり、いつも試合より強度が高い状態で練習していた。練習中のエディーさんのプレッシャーによる緊張感もすごかった。

彼は誰よりもハードワーカーだった。練習やプレゼンのための準備は入念で、かなりの時間を要していたと思う。練習が終わると、すぐに分析を始めていた。また、自分自身がよいコンディションでいるために自身のトレーニングも欠かさなかった。

いつも新しいことを勉強するため、海外だけでなく他競技の日本代表監督にも話を聞きに行っていた。だから、彼と今後のプランについてミーティングをするのは、とても刺激的でおもしろかった。

一方で、彼はすべてをコントロールしたがる人でもあった。だから、僕たちがスーパーラグビーの契約等でいろいろ動いていたときは、難色を示してきたし衝突することもあった。でも、お互いが日本ラグビーのためを思って、自分の道を信じてやっていくという大義は変わらなかったので、なんとか一緒にやっていけたと思う。

4年前に置かれていた日本ラグビーの状況を変えるには、余程の勇気が必要だったことは間違いない。本当によくやってくれたと思う。何かを大きく変えるときには、彼のような指導者は適任だった。

僕はエディーさんを尊敬している。自分が立てたことに対して必ず責任を果たす。あらゆることを駆使して結果を出す。この姿勢は、なかなか真似できない。

ただ、これからさらに4年間一緒にチームをつくっていくことは苦しかったと思う。僕たちのメンタル面も相当限界に来ていた。頭が痛くて寝られない日や、飛行機に乗ると息ができなくて苦しくなるようなことが何度もあった。

エディーさんはいま、ストーマーズを辞めてイングランド代表チームのヘッドコーチになった。大きな協会、はじめての外国人監督。彼は衝突を厭わない。いろいろなことが起こると思う。でも、彼なら大丈夫だろう。そこから何が生まれるのか興味深い。

今後、彼と同じチームになることは恐らくもうないだろう。これからは、友人としてラグビーの話ができるので、それが楽しみだ。彼の発想は日本ラグビーの今後についてヒントを与えてくれると思う。

障害者のスポーツをもっと広めたい

2011年、東日本大震災のチャリティイベントが秩父宮ラグビー場の前で行われた。

そのときに、アンプティサッカーの日本代表の人たちに出会った。彼らは事故や病気によって、下半身を切断した人たちだ。

一見、長ズボンをはいていると普通の人たちに見える。でも、ズボンを捲《めく》ってもらうと義足が見えた。そんなものすごい経験をした人たちは、僕ら以上に明るくて前向きな雰囲気をもっていた。僕は一気に人として尊敬してファンになった。

そこから彼らの現状を知るにつれ、もっとサポートしていきたいと考えるようになった。同じスポーツにどちらがいいとかはない。同じ日本代表にどちらがすごいとかはない。皆、本当にすごい。

それなのに認知される機会が少なく、練習場所などの環境もなかなか充実していない。だから、まずは東芝の仲間や東芝のファンの人に知ってもらいたいと思って、府中の練習試合に招待した。そこで、皆の前で紹介させてもらって交流をもった。

そのときのアンプティサッカーの人たちを囲む雰囲気が温かくて素晴らしかった。お互いにとって、よい機会となったと思う。

僕は、彼らが一番活躍している瞬間を観たくなって日本選手権を観戦した。彼らの熱いプレーに感動し、勇気をもらった。実際、彼らのプレーを観て自分たちもやりたいと思う人が増えたのだと思う。チーム数も増えつつある。

そして、2014年のワールドカップで彼らはついに初勝利を上げ、リーグ戦は1位で通過することができた。本当に素晴らしいことだと思う。

そうやって少しずつでいいから、障害者スポーツの発展に貢献することができれば嬉しい。車椅子ラグビーも今度観に行こうと思う。

日本の中で障害者に対するサポート体制はまだまだ十分ではない。金銭面、周知面、ソーシャライゼーション…。彼らが日本を代表することに誇りを感じ、家族の皆が幸せになる環境をつくらないといけないと思う。

武蔵野東ラグビー部のこと

僕がいつも気になっている子供たちがいる。武蔵野東ラグビー部の生徒たちだ。

この学校の形態は複雑である。

障害をもっている子供、親の虐待を受けていた子供や不登校生など、様々な状況の子供たちが集まっている。ラグビー部の生徒は部活を通じて、社会で生きていく術を学んでいる。

僕は知り合いから紹介されたのがきっかけでキンちゃんとこのラグビー部を訪れた。彼らと触れ合う時間はとても楽しかった。

その後、なかなか時間をつくることができなかったが、ワールドカップ前に一度一緒に練習をした。ワールドカップでは、僕たちの活躍を観て感動してくれたとのこと。生徒たちはラグビーを誇らしく思い、前向きな気持ちで学校に行ってくれたり、会話が増えたらしい。

そのことを聞いて僕はとても嬉しかった。自分たちがやってきたことが、社会的には弱者と見られる皆にとってもよい刺激を与えられたこと。これ以上の喜びはない。

時間ができたら、また行こうと思う。何が嬉しかったのか、皆はこれからどうなりたいのか、聞いてみたい。これからも僕は彼らをサポートし続けていくつもりだ。

旅は続く

いつも僕は、とにかくいまを頑張ることが大事だと思っている。先を見るのではなく、いまを一生懸命に生きることで可能性を広げていく。これまでもそうやって生きてきた。素晴らしい経験をさせてもらって、いろいろな人に出会い、感化されてきた。これからもずっと、そうやって生きていきたい。

ゴルフでトム・ワトソンが若い選手とラウンドしている姿を見ると素敵だと思うし、将棋の羽生《はぶ》善治さんがいまもトップ棋士として活躍しているのを見るのは楽しい。長く現役を続けられるのはうらやましいと思うこともある。

僕たちラグビー選手は、ゴルフや将棋のように一生かけてできるものではない。どこかで必ず引退して、次のステージに進まなくてはいけない。

ラグビーをすると、人の痛みがわかるようになる。勇気を知ることができる。戦術を理解し正確に実行するために、判断力や決断力が養われる。ラグビーの多様性から得られることは多い。

だから、ラグビー選手たちはその経験をいかして、ラグビー界をよくするだけでなく、日本や世界をよくするリーダーになってほしい。必ず次の道でも活躍できると信じている。その活躍で次の世代へさらに可能性を広げていきたい。

僕自身、いままでは、ラグビーが当然のごとく生活の中心にあり、とても居心地がよかった。それが突然できなくなるときが来ることは、まだ信じられなかったりもする。幸い、努力の甲斐あってか、誰かに肩を叩かれることなくラグビー人生を終えることができそうである。

とても幸せなことだ。なんらかの理由で早めに引退を迎えた僕よりも優秀な同期や後輩は本当に多い。ほんの少しの差が大きな差となってしまう厳しい世界だとつくづく思う。

もちろん、先に辞めたからといって何も否定されることはない。彼らは次の人生において大きな糧を見いだし、僕以上に頑張っている。そんな彼らを誇らしく思うし、いい刺激になっている。

ラグビー以外で頑張っている仲間を見ていると、自分がラグビー以外で好きなことはなんだろうと思う。世の中に専門化の種類は数知れず、その各々におもしろさがあるに違いない。

僕のことだから、何かの縁でそのことに触れることがあれば、その魅力に取りつかれてしまいそうである。例えば、僕は皆と美味しいものを食べて、気持ちのいい時間を過ごすことが好きだ。そのときに、お酒があると最高。特に、ワインが好き。

ワインが有名な国はラグビーも有名な国が多い。フランス、オーストラリア、ニュージーランド、アルゼンチンなど。将来、ワインの買い付けに各国を訪れることができればと考えるとワクワクする……。

そんなふうに、将来のことを決めきれずにどうしようかなと思いながら、ワールドカップを迎えた。

このときの経験は本当に素晴らしかった。他の道に行くことも考えていたが、あまりにも僕にとって大きな経験だったので、もう少しラグビーに携わることに決めた。スポーツの価値を改めて感じたし、この素晴らしさを伝える必要があると思った。だから、これからは違う立場で選手やスタッフと一緒に素晴らしいものをつくり上げていきたい。多くの喜びを分かち合いたい。

そのためには、海外で修行ができたら嬉しい。違う価値観に触れ、自分の幅を広げたい。その経験を踏まえて、組織に対して貢献することができれば嬉しい。新しい自分に出会い、ますます刺激的な人生になると思う。

なんのために勝つのか

2012年に日本代表に招集されてキャプテンになってから、2015年のワールドカップで勝つことが最大の目標になった。

そのために僕は多くのことを犠牲にして、すべきことを優先してきた。キャプテンを外されてからも、その目標が変わることはなかった。

これまでのラグビー人生は最高だった。後悔はない。ワールドカップも本当に素晴らしかった。最高の仲間と最高の思い出をつくることができた。

あとは、これまで培ってきた経験を次の世代に引き継いでいきたいと思う。それが終われば、長く続けるつもりはない。

次にやりたいことに向かってスタートしていきたい。次に自分がやることに対してワクワクしたい。

いま以上に素晴らしいものを得られる何かを見つけられたら、本当に幸せだ。34年間生きてきたいままでと大きく変わるであろう次の数十年が待ち遠しくもある。

最後に、本書の題名である「なんのために勝つのか。」について改めて書いておきたい。

なんのために勝つのか。

なぜ、僕たちは勝たなくてはならないのか。

それは、大義を実現するためである。

日本代表では、「日本のラグビーファンを幸せにできる喜び」「新しい歴史を築いていく楽しさ」そして「憧れの存在になること」を大義に掲げていた。

その大義はいま、現実のものとなった。ワールドカップという大舞台で勝つことで、成し遂げることができた。勝つことで、自分たちがやりたいことを表現できたのである。これらはすべて2019年のワールドカップ日本開催を成功させ、さらにその先に続く日本ラグビーの未来をよりよいものへとしていくことにつながっている。

では、勝つためにはどうすればいいのか。

それにはやはり、組織として大義を決めることが一番重要になる。そして、メンバー全員が大義をやり切る覚悟をもち、明確なビジョンに向けてハードワークを継続しなくてはならない。

実は、この順番も大切だ。と言うのも、組織に大義がなければそこに魂は宿らないし、メンバーも最後までやり切る覚悟をもてないからだ。これでは、いくらハードワークを課したところで人は動かないし、勝つことも難しくなる。

組織を強固にするためには、中にいる人たちがその組織のこと、仲間のことを好きになってもらう必要がある。そのために、場を設けることや居場所をつくることを大切にしたい。こういった小さなことを積み重ねていくと、組織はいつの間にかOne Teamになる。外から見ている人たちにも応援される組織になる。

特別なノウハウも近道もない。信じた方向に向かって地道に積み重ねるだけ。でも、それが大切なのだ。大義を成し遂げたときの高揚感、充実感は本当に何物にも代え難い。南アフリカに勝った瞬間は、もはや言葉では表現できない。

一方、個人に焦点を当てると、なんのために生きるのか、なんのために働くのか……。人は、一人では生きていけない。多くの人は、なんらかの組織に属しているだろう。自分の気持ち一つでその組織をあるべき姿へといかようにも変えられる。

まずは誰かに求めるのではなく、自分から与えられるようにしよう。自分に何ができるのかを考え続けよう。

本気で覚悟をもって取り組む。もし失敗しても次にいかせばいい。気にすることはない。くじけることもない。何もせずに傍観していることの方が罪だ。

成功すれば自信になるし、周囲だって変えられるし変わっていく。そう信じよう。自分の行動が、世の中に役立つのだとすると、それは本当に喜ばしいことだ。その喜びをもって歩んでいこう。

そういった行動の積み重ねは、人生を豊かにしてくれるだろう。生かされていることさえも当たり前と思わないこと。生あることに感謝して、日々を過ごせることに感謝して生きていこう。人はいつか死ぬのだ。そのときに、後悔することがないよう素晴らしい思い出をたくさんつくろう。

人生はずっと勉強。僕はこれからもそう思って生きていきたい。

おわりに

昨年のちょうどこの時期のこと。慶應大学ラグビー部の同期だった友人の林周一郎氏から「廣瀬、本を書いてみたらどうだ」と執筆を進められた。本を書くのは、僕の人生の一つの夢だったので、そう言われたのは純粋に嬉しかった。

これまで自分自身が大事にしてきたことが、もしかしたら誰かの役に立てるのではないかと思うとぜひ伝えたいと思ったし、ワクワクした。

実際に書き始めてみると、自分の考えがどんどん整理されていった。ラグビー選手として、キャプテンとして自分がどんなことを考えていたのか…。それを改めて知ることは、僕にとってもすごくいい経験だった。日本代表4年目に入ってチームをサポートする立場としても本当に役に立ったと思う。

本書の執筆にあたっては、企画してくれた東洋館出版社の錦織圭之介氏にも本当に感謝している。ニシキと周ちゃんのアイデアがなければ、本書は成立しなかった。

ニシキとはじめて会ったのは大学時代。僕は酔っ払っていて当時の記憶はないが、彼は僕にいろいろとちょっかいをかけられたそうである。

それにしても、そういった形で知り合った仲間と十数年後に一つのものをつくる仕事をするとは想像もしていなかった。人生わからないものである。

周ちゃんとの付き合いもおもしろい。大学に入ってすぐ彼のやんちゃな弟の家庭教師を引き受けた。1泊2食付きの厚待遇、周ちゃんの実家から一緒に練習や授業に通う仲となった。社会人になってからは、試合後に一緒に飲んで僕のホテルに転がり込み、翌日の朝食をともにしたこともある。彼は出版業界とは全く関係はないが、彼のビジネスの視点や独特な感性から飛び出る言動はとてもユニークでいつも刺激をもらっている。

大学時代から本質は変わらないものの、彼のビジネスの最前線で活躍してきた自負はとても心強かった。何より、ラグビー仲間の熱さを改めて感じた。二人の本づくりのアドバイスは本当に参考になったし、随分と助けられた。

また、本書の編集に携わってくれた畑中潤氏にも大変お世話になった。素人の文章の構成や修正、またラグビーを知るための計り知れない努力。彼の姿勢には感銘を受けた。ここでも、プロフェッショナルな人に出会えたと思っている。大阪出身の仲間であったことも二人にとってはよかった。

これまでの僕をつくり上げてきたのは、ラグビー仲間と僕と接してくれたすべての人々である。

東芝の仲間のおかげでリーダー像が確立された。そして、日本代表の仲間のおかげで、つらいときも前を向いて来られた。その他にも多くのラガーマンに支えられてここまで来られたと思う。

また、ラグビー以外でも、素晴らしい人たちとお会いすることができた。本当に感謝している。この感謝には、これからのラグビー界や日本のために貢献することで恩返ししていきたい。

最後に、妻と二人の子供にありがとうと伝えたい。

1年の半分近くを家にいない状況が4年間続いたのにもかかわらず、いつもサポートしてくれた。そのおかげで僕自身は、ラグビーに集中することができた。また、家に帰ると、どんなときでも温かく迎えてくれた。ときにはラグビーのことを忘れさせてくれ、リフレッシュさせてくれた。心身ともに次への原動力となったのは、間違いなく家族のおかげだ。この何気ない時間がなければ、僕はこの素晴らしい人生を送れなかったと思う。

2015年11月　廣瀬　俊朗

[協 力]

公益財団法人日本ラグビーフットボール協会
東芝ブレイブルーパス

[著者略歴]

廣瀬 俊朗（ひろせ・としあき）

1981年10月17日、大阪府生まれ。

5歳のときにラグビーを始め、北野高校を経て慶應大学に進学。99年度 U19日本代表、高校日本代表に選出される。2004年、東芝入社。2年目からレギュラーとして活躍。07年主将就任（07-11年度）。08-09、09-10シーズンではトップリーグプレーオフ優勝を果たす。09年のプレーオフはMVPも獲得。07年日本代表入り。12年にはキャプテンとして再び選出される。15年ラグビーW杯では、日本代表史上初の同一大会3勝に貢献。通算キャップ28。ポジションはSO、WTB。

なんのために勝つのか。

ラグビー日本代表を結束させたリーダーシップ論

2015（平成27）年12月24日　初版第１刷発行
2019（令和元）年11月16日　初版第10刷発行

著　者　廣瀬 俊朗
発行者　錦織圭之介
発行所　株式会社 東洋館出版社
〒113-0021 東京都文京区本駒込 5-16-7
営業部　TEL 03-3823-9206／FAX 03-3823-9208
編集部　TEL 03-3823-9207／FAX 03-3823-9209
振替　00180-7-96823
URL　http://www.toyokan.co.jp

印刷・製本　藤原印刷株式会社

ISBN978-4-491-03168-2 ／ Printed in Japan

JCOPY ＜㈳出版者著作権管理機構　委託出版物＞
本書の無断複写は著作権法上での例外を除き禁じられています。複写される場合は，そのつど事前に，㈳出版者著作権管理機構（電話 03-5244-5088，FAX 03-5244-5089，e-mail : info@jcopy.or.jp）の許諾を得てください。